存在のヒーリング

フリークエンシー

FREQUENCY

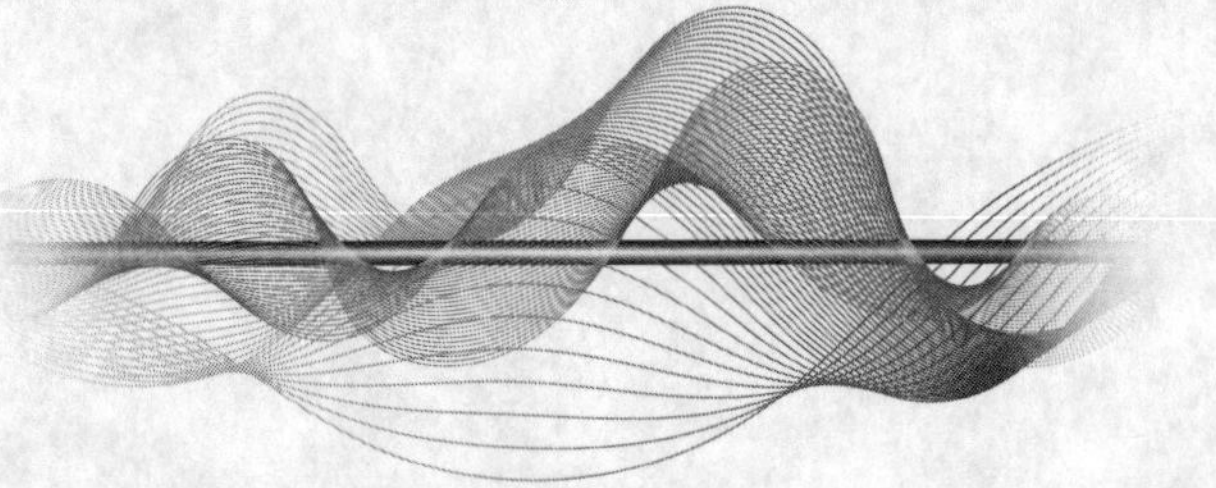

安田隆

Takashi Yasuda

こんな話を聞いたことはありませんか?

修行を積んだ高僧の瞑想に同席するだけで、病気が寛解しだしたり、痛みが軽減したり消失したり、悩みがどっかに消えてしまった、みたいな話。

それは修行によって得た境地の力かもしれないし、気やプラーナやマナみたいなエネルギーかもしれないし、祈りの力かもしれないし、量子的な話なのかもしれませんが、それらの理論や方法を用いなくとも、また、長年の修行で培った境地がなくとも、同様のことができるのがフリークエンシーであり、そのフリークエンシーが拠りどころとしているのが「同期引き込み現象」(同期引き込み転移)なのです。

同期引き込み現象は
「世界を支配する知られざる法則」と言われている。

これを行うと、修行を重ねることでしか得られない独特の感覚をいとも簡単に得られるので「便利な秘法」としか思っていなかったのですが、「修行しなくても無になれる」ということは、アークが長年めざしてきた0《ゼロ》の境地に、一時的ではあれ、そうなっているのではないか⁉　と閃《ひらめ》いたときに「これこそが私が求めてきた答えだったのだ‼」と、一瞬で理解したのでした。

これを使いこなせれば、たとえばあなたが整体やボディワークをなさっていたとするなら、仕上げにフリークエンシーを施すと、思った以上の効果をクライアントさまにプレゼントすることができますし、タロットなどの占いのあとに行えば、晴れやかな気持ちになってお帰りいただけたりしますし、御家族の急病や急な痛みなどのときに、家庭医学的に使うこともできるんですね。

目次

第2章　起承転結&提

第3章　起承転結&提

第4章　起承転結&提

第5章 起承転結&提

カバーデザイン　takaokadesign
イラスト・写真　木下朋枝
本文仮名書体　文麗仮名（キャップス）

推薦の言葉

初めてARKのドアを叩いたとき、わたしは半分くらい死んでいたと思う。

乳がん治療がひと段落ついたところで、燃え尽きそうなときだった。生き残ったのはいいものの、それがよかったのかどうかわからなくなるくらいに疲れていた。

長い時間をかけてがんという病になるほどの生きづらさは、そう簡単には手放せない。これがわたしらしさの源であり、この生きづらさにすがって生きてきた。

でもこのやり方では数年で死ぬのだ。いやなら死ぬ気でキャラ変、がん後の新世界を生きる術を身につけなくては。

でもどうやって？

そんなときにある方を介してTHE ARK COMPANYを知った。波動干渉というものに興味が湧いて、思い切って訪ねてみたのだった。

ARKの技法のすごいところは、外から何かを与えるのではなく、すでに内にあるものに響く技だということだ。宝探しの旅みたいで、人に言えない願望ほど叶う気がする。きつくからまった縄を根気よく解《ほど》いて、その人らしい素直な願いの形を露わにする。それなりに時間がかかるし、時に痛みを伴うが、そうなったら願いは叶う。放っておいても純度が上がって力が湧いて、現実が動き始めるからだ。

人に言えないわたしの願望は「本当は表舞台に立ちたかった」だと思う。物欲と執着だらけなのにピントが合ったのはなぜかこれで、しかもわたしの中のわたしはフリーダイビングという競技を選んだ。離島に移住したことや人魚への憧れ、グランブルーなど、伏線はあってもどうということもなかったものが、ある日突然、像を結んだ。なんせ治ったら絶対にフリーダイビングを始めると決めてがん治療を乗り切ったのだから不思議なものだ。

告知を受けたとき、これで死ぬとは思わなかったけれど、10年後には日の丸を付けてブルガリアに行って世界選手権に出ているとも思わなかった。ときめきは思いもよらないところからやってきた。競技を通して新しい友達ができ、師と呼べる人に出会い、必要な物や情報が自然に集まってきた。とはいえ、いくらマイナースポーツでも日本代表はやはり特別なもので、一部のトップ選手でもなければそう簡単には届かない。ただの趣味の域を超えてそこまで意識するようになったのは、ＡＲＫに通い始めて自分の願望を肯定できるようになったからだと思う。

いつのまにか日の丸へのチャレンジがばかげたことではなくなっていた。

年齢や環境にはハンディがあり、理解者も少なかったが、工夫しながら練習すること自体が楽しみだったし、結果を出せば済むとわかっていた。地味に１人で続けることも性に合っていた。わたしは密かに大まじめに本気だった。

そこから２年、前回２０２０年大会で初めて日本代表に滑り込んだ。しかし新型コロナ流行により開催中止。夢が叶ったと思ったら幻だった。諦めきれずに今大会を目指して再びチャレンジを始めたら、代表争いは前回以上に熾烈《しれつ》だった。長かったこの２年、我ながらよくやったと思う。その甲斐あってか代表入りが決まってからはにわかに注目を集め、昨日の敵は今日の友となり、オセロの駒がいっぺんにひっくり返るように状況が好転した。

ブルガリアに出発する日、報告も兼ねて久しぶりにＡＲＫにセッションを受けに行った。

成果を出すためにやれることはやったと思っていても、競技本番を想像するだけで胃がせり上がってくる。このプレッシャーに負けずにベストを尽くすためには、あとはもうこれだけだと思ったのだ。

既存の技を使って呼吸の練習をしたあと、頭蓋骨までキュッと締まるという不思議なボディワークを受けた。それで気持ちよく寝落ちして、目が覚めたら心も身体も落ち着いていた。みぞおちは軽く重心が安定する感じ。骨1個分くらい首が伸びたかもしれない。視界も明るくなった。

その効果は高く、本番では地に足の着いたとてもよい緊張を保つことができた。

いつの間にか信じるに足る自分がそばにいて、一緒に青い水の世界を旅した。もっとずっとここにいたいのに、もう息が続かない。名残惜しい気持ちで競技を終えたら、4年ぶりに自己ベストを更新していたのだから驚きだ。

できる気がしたら本当にできた。でもこれは奇跡ではない。自分で成し遂げたことだ。

出番を待っていた私の中の私が起動したのだ。ARKの手ほどきによって。そんなARKが新たに開発したという、既存の技を超える画期的な新技法〈FREQUENCY（フリークエンシー）〉とはどんなものだろう？　きっと今の自分を超えてゆくチカラを呼び覚ます不思議なヒーリングの技法なのだろう、と思ったら、あのボディワークこそFREQUENCYだったそうだ。

そうか、あのときに感じた安らぎは、不安がおさまったときの体感だったのかと、後になって納得した。

いつもすごく怖かったものがそうでもなくなるとああいう感じがするのか、と。

これを言葉にするのはとても難しい。

でもそれを知っているのと知らないのとでは大きな差がある。

ちょっとイケてる自分になり遠慮なく胸アツに生きたい。もっと遠くへ行きたい。

そう願うなら試す価値がある。何かが少し自由になって、大丈夫な気がしてくるはずだ。

わたしはこれからもマイペースで競技を続ける。

次のステージを目指して行けるところまで行ってみる。

どうしたら生きやすくなるかを考えるようになったし、がんも克服したと思う。

ＡＲＫの技とたくさんのアドバイスは、筋トレやストレッチのようにわたしの毎日に活きている。

この場を借りて、最強のメンタルコーチ THE ARK COMPANY の安田隆先生と、スタッフのみなさんに御礼を申し上げたい。

そして、呆れながらも協力してくれる夫にも感謝を伝えたい。

Thank you so much everyone!　ブルガリアの空も青かった。

奥山まどか
ＡＩＤＡフリーダイビング世界選手権 プール個人戦 ２０２０・２０２２ 日本代表

はじめに

「黙って座ればピタリと当たる」

これは易者さんのキャッチ・コピーですが、セラピーもかく在りたいと、いろいろ工夫を重ねた末に、ついに見つけました!! その方法を!!

と思うと、それは見事な錯覚で、でもあきらめかけたその瞬間にというドラマチックなことも起こらず、ふと目の前に、とか、ひょんなことから、ということでもなく、じわじわと気づいてきたんです。

その答えを、私はすでに知っていた、ということを。

で、その答えを皆様と分かち合いたいと、この本を御用意させていただきました。

「黙って座れば必ず変わる」そんな不思議をあなたも起こせます。

嘘かまことか?

ぜひ、あなた自身で確かめてくださいませ!!

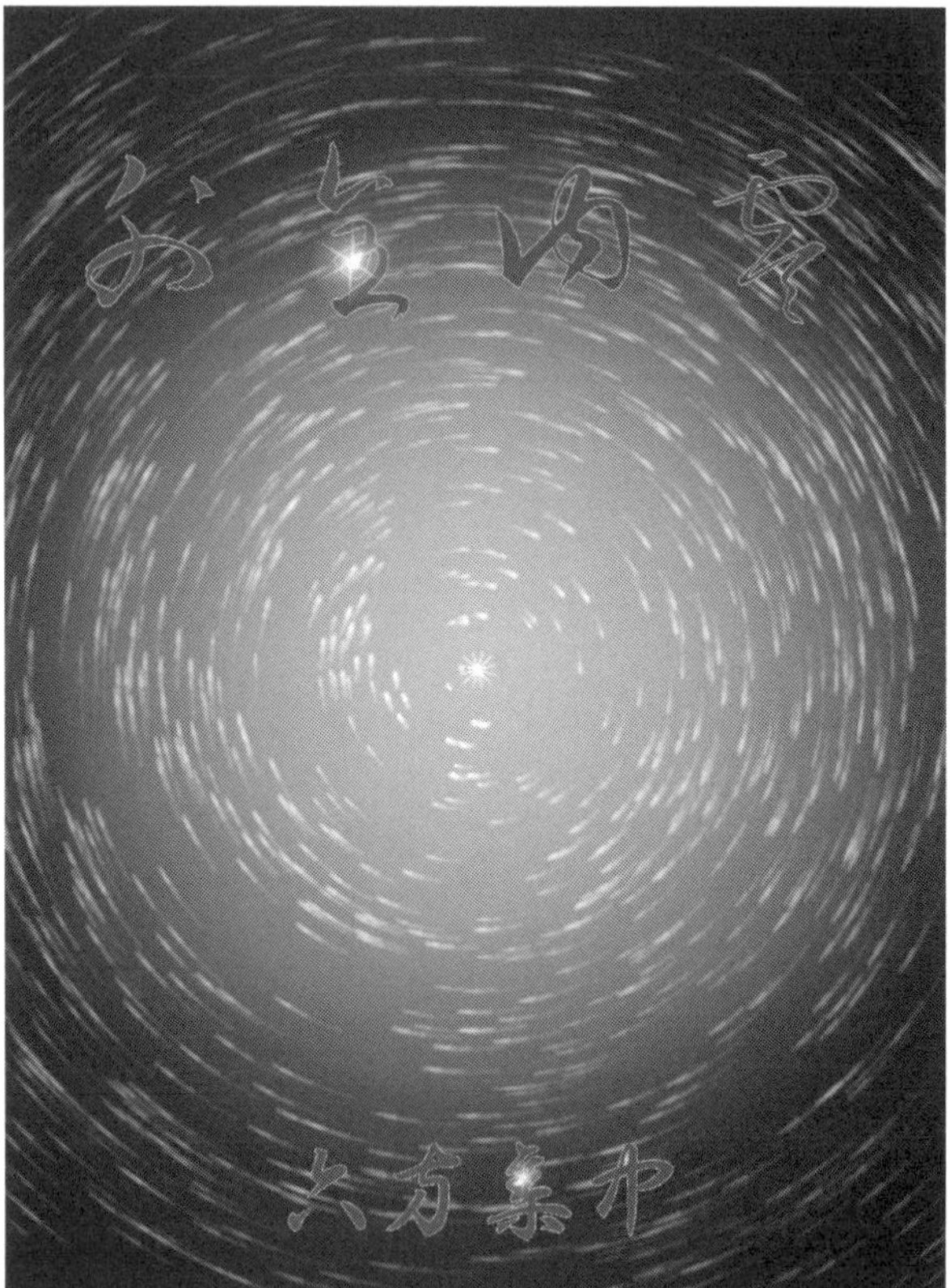

第1章

起承転結&提

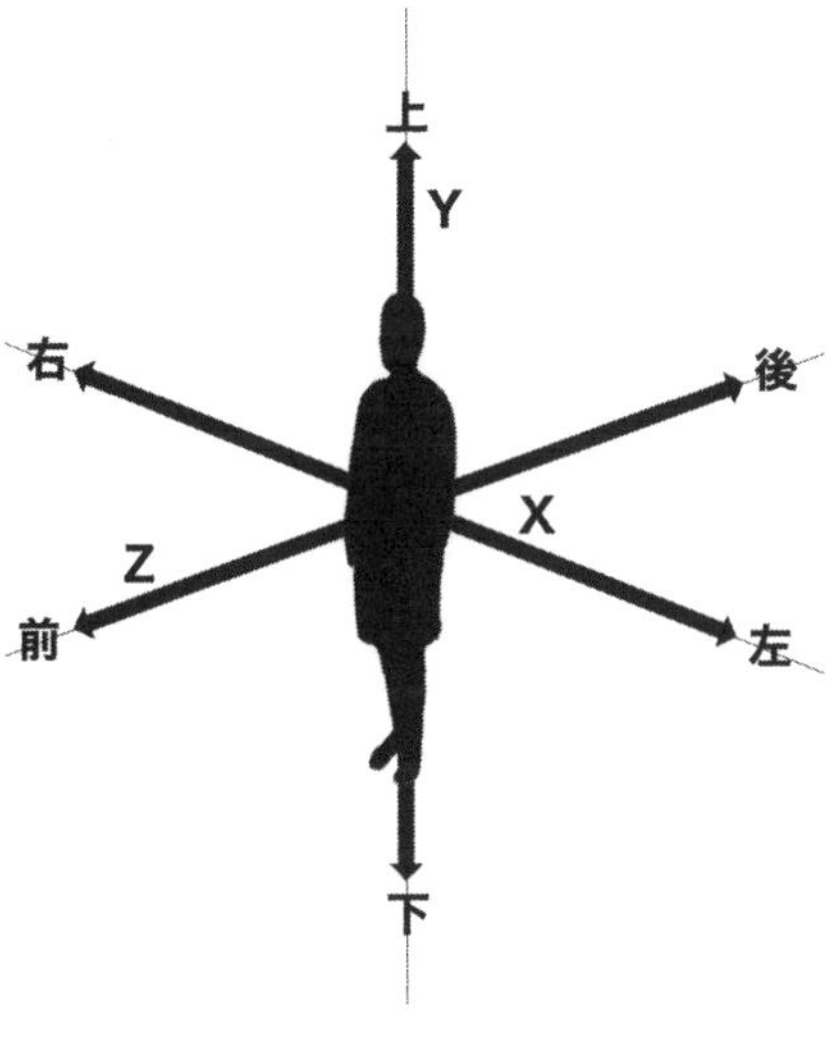

フリークエンシーとは

フリークエンシーとは、同期引き込み現象（同期引き込み転移）という物理現象を用いて、術者が創り出す「特殊な調和状態」を、他者に転移させて、術者と同様の「特殊な調和状態」に導く技法で、わかりやすく例をあげると、一緒にいるだけで、なぜか急に元気になったり、痛みが軽減したり悩んでいる状態からふっと抜けて楽になる、みたいなことと思ってくださるとよいでしょう。

それが、気のせいレベルでなく起こせるのがフリークエンシーなのです。

こんな話を聞いたことはありませんか?

修行を積んだ高僧の瞑想に同席するだけで、病気が寛解しだしたり、痛みが軽減したり消失したり、悩みがどっかに消えてしまった、みたいな話。

それは修行によって得た境地の力かもしれないし、気やプラーナやマナみたいなエネルギーかもしれないし、祈りの力かもしれないし、量子的な話なのかもしれませんが、それらの理論や方法を用いなくとも、また、長年の修行で培った境地がなくとも、同様のことができるのがフリークエンシーであり、そのフリークエンシーが拠りどころとしているのが**「同期引き込み現象」（同期引き込み転移）**なのです。

で、その同期引き込み現象、別名、同期引き込み転移の話なのですが、これは17世紀にホイヘンスという人が、並べた振り子時計の振り子がいつの間にかそろってくる現象を発見したのに端を発し、これが心筋細胞の律動や、ホタルの明滅、体内時計は25時間周期だけれど太陽の24時間周期に引き込まれていること、またレーザーの発振など、さまざまな「系」、つまり、さまざまな分野で見られるもので、少し難しい表現になるのですが、これは「時間軸の自己組織化」ともいえる、比例が成り立たない「非線形現象」で、振動体同士が影響しあって起こるとされてはいますが、この科学が進んだ現在でも、まだ完全には解明されていない現象なんですね。

先にも述べた「元気がもらえる」というのも、心身が安定し、充実している人がそばにいれば、その人に「引き込まれ」、本当に元気をもらえるのです。

朱に交われば赤くなる、というわけですね。

補足　同期引き込み現象（同期引き込み転移）

・同期引き込み現象とは、リズムを発するもの同士の周期が勝手に、自然にそろってしまう現象で、振動を発しているものなら、生物、無生物を問わずに広く観察されている現象。

・近接するメトロノームや壁掛時計などは土台や壁に伝わる振動を手がかりにお互いのリズムをすり合わせ、有名な例として東南アジアのホタルの大規模集団同期明滅では周囲の明るさを手がかりに各個体の発光のタイミングがすり合わされていることが、京都大学名誉教授の蔵本由紀《くらもとよしき》博士によって数式化されている。

・最新の研究では、初対面の人が惹かれあっていく要因に、心拍や皮膚の電気抵抗などの自律的な同期があることが報告されている。

・同期現象は「世界を支配する知られざる法則」と言われている。

・蔵本由紀博士は非線形科学の世界的権威。巻末の参考文献、ぜひ御一読を。

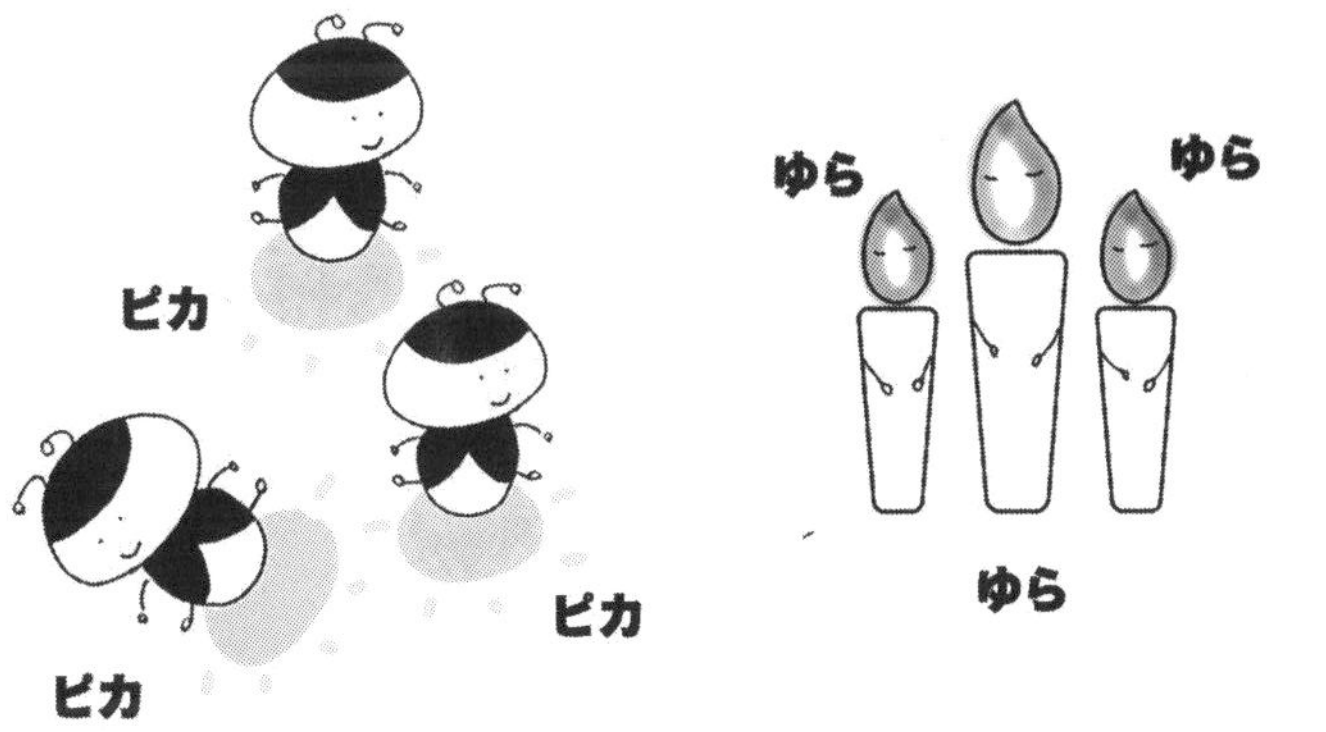

同期引き込み現象

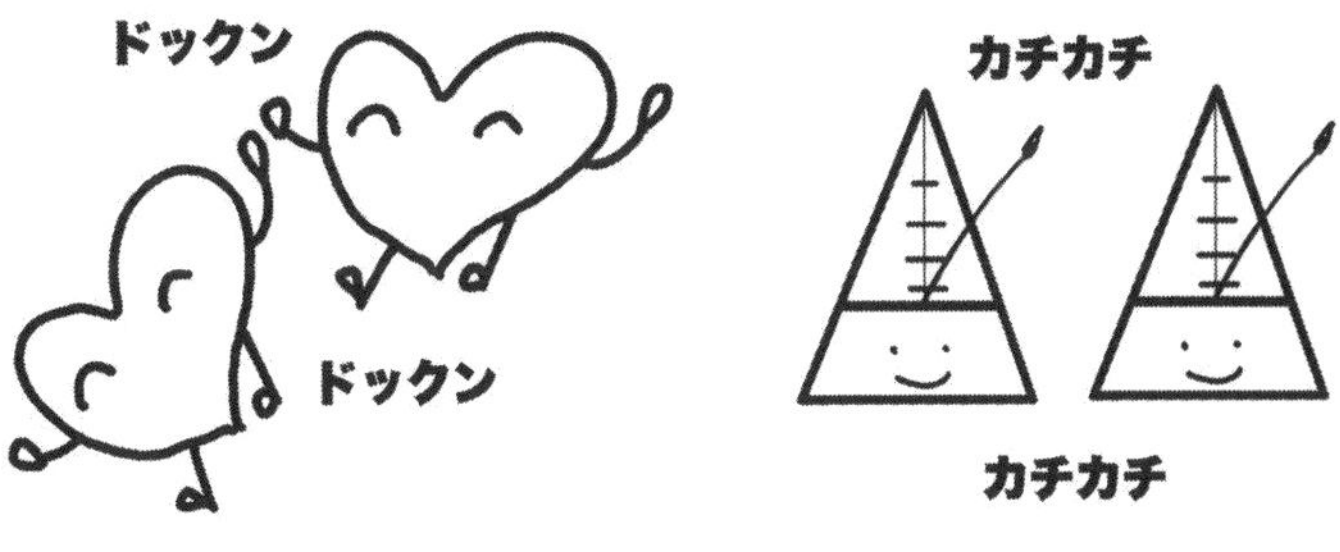

六方集中

私は合気道の源流のひとつといわれている古武道の「合気術」という武道を元にして、誰にもできる武術といいますか護身術を創ったのですが、その中に、「心眼を拓く」とされている古武道のいくつかの流派の秘術を組み込んだんですね。

壁を背にして頭や肩を充分に保護した上で、複数の人が殺気を帯びた状態で頭や肩をめった打ちにして人工的な絶望状態を創り出し、それでも絶望に打ち負かされることなく耐えていると、活路や太刀筋が見えて、一瞬のうちに陣形を破って脱出できる、という「持続的暴露」みたいな方法や、新月の真っ暗な夜に山の中で野宿すると、恐怖心の克服のみならず、闇は実は深い灰色であり（アイゲングラウ、それ自身のグレー、インナーグレー）、穴はより暗く、木々は灰色のもやとして見えるようになれば心眼が拓く、など、おいそれとは実行できないものが多いのですが、この中で現代人でもできそうなものが、ひとつだけあったんです。

それは、伏兵を感知し、一対多勢の戦いを切り抜けるための兵法で、特に名称がなかったので、そのコツを表す言葉として「六方集中」と名付け、THE ARK COMPANY（以下アーク）の師範クラスの人のみに教授してきたもの。

前方はもちろん、後方の気配も感じつつ、左右に潜んでいるかもしれない兵の気配を感じようとし、頭上から自分を狙う者や穴の中に潜んでいる者にも気を配る。

つまり、**上下左右前後の六方に、正確には全方位に片よりなく注意を張りめぐらせる、というものですが、これを行うと、わざわざ無になろうとしなくても、自分が研ぎ澄まされていくうちに、勝手に無になってしまう**んです。

これを行うと、修行を重ねることでしか得られない独特の感覚をいとも簡単に得られるので「便利な秘法」としか思っていなかったのですが、「修行しなくても無になれる」ということは、アークが長年めざしてきた0《ゼロ》の境地に、一時的ではあれ、そうなっているのではないか!?と閃いたときに「これこそが私が求めてきた答えだったのだ!!」と、一瞬で理解したのでした。

答えは、すでに手にしていたんです。

外全内零《がいぜんないれい》

六方集中を別の角度で説明すると、意識のすべて、注意のすべてを外側に向け、内側を空っぽにする、ということになります。つまり外全《がいぜん》、内零《ないれい》です。

内面や内側の感覚にとらわれるヒマがないほど、外側に集中するってこと。

洞窟や暗闇の開眼瞑想では、内側に恐怖心が出てしまうので、内側が無、つまり零《ゼロ》にはならないために、恐怖がなくなるまでやるか、別途、目を閉じて内面と向きあうような修業が必要になるわけですが、**六方集中は安全な場所で、また明るい場所でも暗い場所でもできるので、内側にとらわれてしまうことも少なく、誰でもが無とか零の状態になれるんですね。**

で、零になるとどうなるのか？

これは、この後のお楽しみですが、一人で行うとスッキリしたりリフレッシュするのは想像できると思いますが、それだけではなく、体や心の不調がよくなったり苦手だったものが苦手でなくなっていたり、プレッシャーに感じていたことが、どうってことなく思えたり、と、思ってもみなかった変化が起こったりしますし、零状態をキープしながら人と会うと、その人にも気のせいでは済まされない変化が出たりします。

例をあげておくと、五十肩が再発しかけて腕があがらなくなった友人を駅に送る際に道を歩きながら内緒で六方集中を行い、友人が自宅に着いた時点で痛みはすっかり引いて腕もあがるようになっていた、とか、エサも食べなかった野良ネコの傍らで六方集中をしていたら、３日も何も食べなかったネコちゃんが、突然元気を取り戻し、エサをワシワシ食べ出して、まわりの人とともに喜んだ、などなど、結構すごいことが起きたりしています。

ただ、このネコちゃんの場合は、思い入れが強い分、零になるのは難しかったとのことですが、しっかり「外全」に徹すれば必ずできますので、みなさんにも、是非使ってほしいと思っています。

一人一人が希望の灯になれるのでは？

と、私は本気で、そんな大それたことを思っているのです。

非日常意識　旅をしない旅

六方集中による外全内零状態は、旅に出たときと似ています。

興奮しつつもリラックスしていて、心は満ちているのに頭は冴え、ゆったりしているにもかかわらず、いつでも動ける、みたいな感じ。

そして、地元の人にとっては、ありふれた光景、見なれた風景であるはずの、日常の景色を、旅人である私たちは新鮮に感じ、鮮やかに見えてしまったりします。

人によっては、旅から帰ってきたときに、自分の住んでいる地域のよさを改めて発見する人もいると思いますが、このようなことが、六方集中をして、外全内零になった人には起こっている、と思ってください。

旅と違うのは、旅という刺激がないのに、それと似たような状態になれる、日常に在るままに、非日常状態になる、ということです。

旅をしない旅に、あなたも出かけてみてください。

六方集中状態で場の乱れを感知したら備え

かかってきたら対応する

対応はそれぞれの流儀で

フリークエンシー応用自在

六方集中による外全内零状態で人と接することをフリークエンシー・オリジンと呼んでいますが、これを使いこなせれば、たとえばあなたが整体やボディワークをなさっていたとするなら、仕上げにフリークエンシー・オリジンを施すと、思った以上の効果をクライアントさまにプレゼントすることができますし、タロットなどの占いのあとに行えば、晴れやかな気持ちになってお帰りいただけたりしますし、御家族の急病や急な痛みなどのときに、家庭医学的に使うこともできるんですね。

なので、何か特別な技術としてではなく、当たり前のものとして広まり、伝わっていくことを願っており、先にも書いたように、いろんな分野の先生方、プロの方に、どんどん使ってほしいのです。

ある治療家の方は、脊柱管狭窄症《せきちゅうかんきょうさくしょう》で歩行が困難な先輩治療家を1回の施術で歩けるようにしましたし、あるセラピストは、何をやっても軽減すらしない偏頭痛とその痛みを数秒でとりのぞき、視力まで回復させてびっくりされたり、座薬でも下がらない高熱を一気に下げたり、など、多くのことが報告されています。

で、アークでも、フリークエンシー・オリジンにプラスして、いろんな悩みを抱えた方々に対応しています。

一つは、フリークエンシー・セラピー。

ま、これはいわゆる一つのセラピーですが、万全を期して、今の現実を変えるために、六つの無意識（一つの認知に携わっている無意識↓パートの代表的なもの）をクリアして、現実だけでなく、その人を丸ごと変える、というもの。

その結果、状況も変わっていくのが醍醐味《だいごみ》の一つです。

一つは、難病で動けない、とか難治性の病で苦しんだり、自力で動けない方のための、フリークエンシー・フィジカル。

そしてもう一つ、能力というか、脳力を高めてメンタルを強化する、特殊な音と光を用いるフリークエンシー・メンタル。これはアスリートの方にも、認知症で苦しむ方のためにも使える「脳波の誘発現象」を用いたものなのです。

さらにもう一つ、不思議な能力といいますか、眠っている力を覚醒させるフリークエンシー・スピリチュアルを用意しています。

この他に、六方集中による外全内零のレベルを飛躍的に上げるための秘策をさまざまな形で付け加えていますが、それに関してもこの本で公開してしまうつもりです。

え⁈　ここまで書いてしまうんですか？

と、会員の皆さまからのモッタイナイコールがありましたが、書いてしまいます。

私は本気です、伝わるでしょうか？

フリークエンシー全体図
トランスデューサー
フィジカル
ボディワーク
＋
フリークエンシー
難病克服
ー現実を変えるためのセッション いわゆるセラピー。ー フリークエンシー・セラピー。
フリークエンシー
同期引き込み転移
（六方集中）
外全内等
メンタル
脳波誘導40Hz
＋
フリークエンシー
自己開発
トランススケール
スピリチュアル
感覚外知覚瞑想
＋
フリークエンシー
存在覚醒
トランスクリプション

六方集中をやってみよう！　六方集中標準訓練

場所▼

●歩道橋（下が道路、車が前後に行き交う）の上で行う
●跨線橋《こせんきょう》（下が線路、電車が行き交う）でも行える
●河川敷（下が川）で行う場合は、上流方向を向いて行い、次に下流方向で行う

やり方▼

頭上に広がる空を意識しつつ、足下の橋から道路までの距離を感じながら前を見て行き交う車を中心視野でとらえながらも周辺視野を使って全体を見て耳を澄ませてまわりの音を聴きながら、後ろの音や気配にも注意を向け空気の匂い、その場の匂いを嗅ぎ、口の中に広がる味があればそれも意識し温度や風なども意識する

コツ▼

※すべてを同時に行い、注意のすべてを、まわりにまんべんなく注ぐようにする
※基本的に明るい時間帯で行うが、夜の方が神経が研ぎ澄まされ、効果は高い
※六方集中の技法（1回分）は、あくびが2回出たら終了
※六方集中状態が成功したかどうかの目安は、見ている景色が突然変わって見えたり、体がしびれたり、宙に浮いている感じや、目をあけても閉じても閃光が見えたり、などがはっきりわかる意識の変容を経験すること。平均的に訓練3回目くらいで経験ができる。これらの経験が一度あれば、六方集中は体得できたものとして訓練は終了してよい。感覚を忘れた頃に再訓練する程度でよい
※風光明媚《めいび》なところや、気持ちのよい場所は、緊張を伴わないため適さないので、自然の中でやる時は、険しい谷にかかる吊り橋などで行うこと
※高所恐怖症や、視覚や聴覚に障害のある方は、室内訓練（40ページ）を行うこと

六方集中　標準訓練

上⇧上方空間
上下の空間を感じ
左右の空間を感じ
（周辺視野）
行き交う車を感じ
（中心視野、目は不動）
耳を全方向に澄まし
匂い、臭いも感じ
人の視線も感じる
（すべて同時に）
夜に行うと、危険に備えて
さらに研ぎ澄まされる
右⇦右方空間
左方空間⇨左
六方集中歩道橋
後方空間
下方空間⇩下
前方空間

六方集中　原理説明１

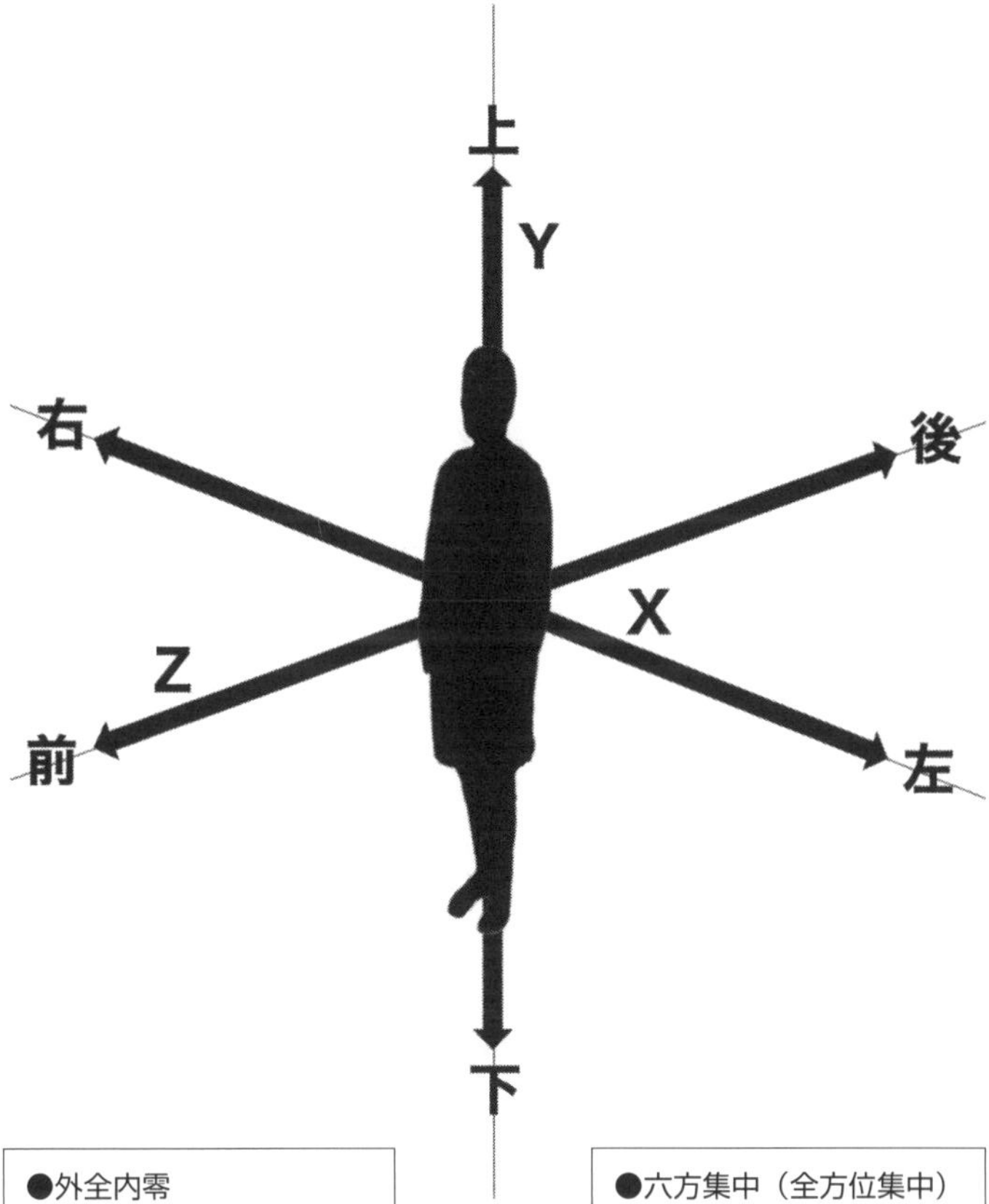

●外全内零
意識、注意のすべてを上下左右前後に向けて、内側への注意をなくす

●六方集中（全方位集中）
時間の目安：あくびが２回出るまで

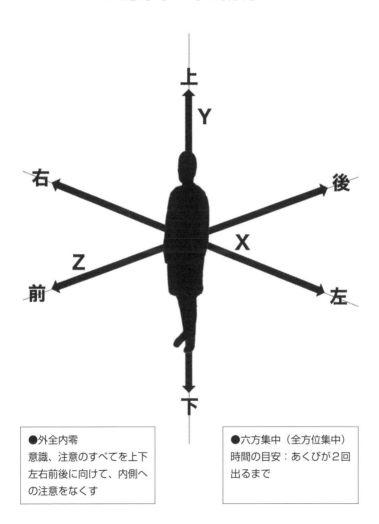

六方集中　原理説明2

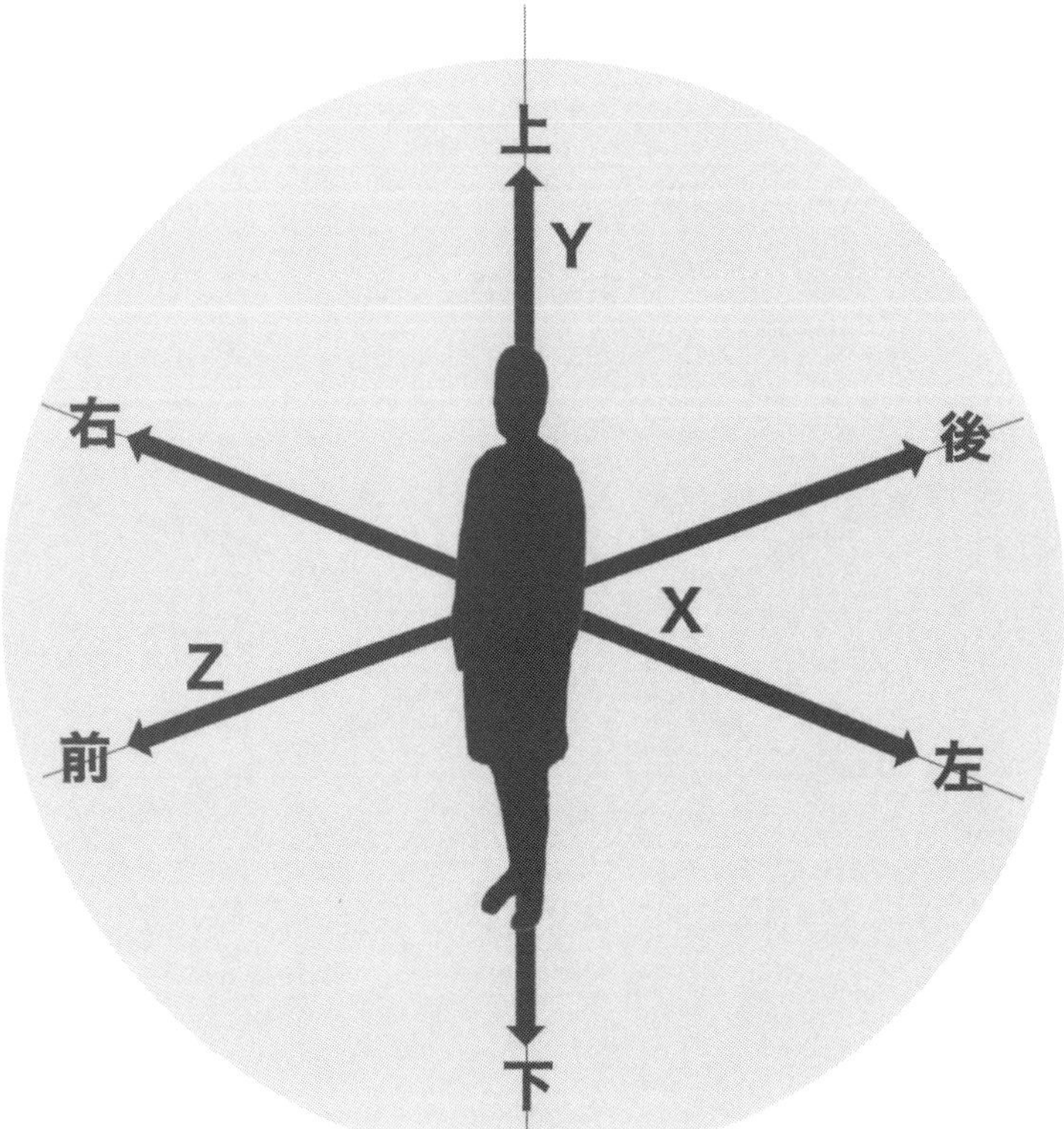

●六方集中による心身均一状態が、周辺のものと同期して引き込む
【周辺の範囲】心臓電磁波的には数メートル、準静電界的には20メートルオーバーほど

六方集中　原理説明３

●大自然の中で行うと、零（ゼロ）になっている己が、己より質量の大きい大自然に引き込まれる

六方集中をやってみよう！
六方集中室内での訓練

●聴覚障害のある方

場所▼部屋の中央に椅子をおいて

やり方▼周辺視野で全体を意識しつつ、中心視野もおろそかにせず、後方を意識しながら、匂いや味も確認し、左右から来る振動をとらえるようにする

（振動はなくても可。感じようとすること）

留意▼※温度や風など皮膚で感じるものも確認する

●視覚障害のある方

場所▼部屋に椅子をおいて座り

やり方▼歩いて前後左右の椅子から壁までの距離を感覚的につかみ、さらに杖で

天井までの高さと、椅子と床の距離をつかんでおき、椅子に座って上下（天井と床）、左右前後の壁までの距離を「同時に」感じるようにする

留意▼※温度や風など皮膚で感じるようにする

●高所恐怖症の方

場所▼部屋の中で踏み台など低い台の上に立ち

やり方▼上下左右前後の距離を感じる。匂い（味）、温度、風など、自分のまわりに感じるものはすべて感じるようにする

留意▼※あくびが2回出るまで

※宙に浮いている感じや皮膚がゾワゾワしたり、鳥肌が立つまで回数を重ねる

六方集中　標準訓練レポート

▼YMさん

歩道橋で六方集中をしました！

足下やその他、上下左右前後に広い空間があり、音もするので、外への意識がやりやすく、普段室内でするときよりも、容易に、広く意識が向けられる感じがしました。

終わったあとはモードが変わっていて、新鮮でリラックスした感じになり、いつもの日常の道が、帰る頃にはいい感じになりました！

帰りに寄ったカフェで流れている音楽も、いつもよりクリアに聞こえて、綺麗な曲だなと感じたり、よく知っている場所がいい雰囲気に感じました。

普段、人が多い場所があまり好きではなく、なんとなく圧迫感を感じて身構えてしまうのですが、六方集中をした後はそれがなくなっていました。

旅先に来たような解放感を覚えました！

▼TYさん

背後が車道の橋の上で六方集中をしました。

集中していると、すーっと自分自身が小さな点になって空間に溶け込むような感じ、時が止まったような不思議な感じがします。感覚が冴える感じで、意識していなかった鳥の声とか繊細な音に感覚が開くような感じがしました。

やったあとは、脳内がリセットされるようなすっきり感があり、より呼吸が深くなる感じがします。どんどんやっていきたいです！

▼NAさん

六方集中の訓練をさせていただきました。

上下左右を意識して、耳をできるだけ遠く全方位へと澄ますと、すぐにあくびがでてきました。研ぎ澄まされて覚醒するような、それでいてリラックスする感覚で不思議な感じでした。とても不思議な気分だったので、見える方向を変えてさせていただきました。六方を感じるだけであくびが出てきました。研ぎ澄まされる感じとリラックスが同時にある感じと、まるで空に浮かんでるような不思議な感覚もでてきました。普段意識しない背中がすこしピリピリと、微細な電気を放っているような、電流が流れてあたたかくなってるような感覚が出ました。時を忘れてしまう感じで、六方集中を終えたあとも、爽快な気分で、何もしなくても気分がよい感じがしました。楽しいというよりも、いろんな気持ちがすべて攪拌《かくはん》されてるような、充足というか、ただ感じていて、とけているようなそんな気持ちでした。

その後、仕事にもどり、受付で座っているときも、背骨に電流が流れているような、とくに普段は意識しない背中の存在を感じました。すこし眠たいようなリラックスしてるような感じです。

▼UJさん

六方集中の練習をさせていただいています。

途中で急に雲がぐわっ！と見えてきたり、集中して見すぎたときのように目の前が暗くなってチカチカしたりしています。終わるとすっきりします。

▼ＹＮさん・・・・・・・・・・・・・・・・・・・・・・・・・・・・・・・・・

夕方、歩道橋の上で六方集中をさせていただきました。

すぐにあくびが出てとても気持ちよくなりましたが、家に帰ってからも、この光景が体感と共に鮮明によみがえるのが不思議で仕方ありません。何これー、すごい!!

＊

注意を守ってやれば、１回目でもかなりのことを経験できることが伝わったでしょうか？

次は、夕闇から夜にかけてのレポートを紹介します。

このレポートは、フリークエンシーの共同開発者であり、フリークエンシー・ライセンスの発行の資格を持つ木下朋枝さんによるものです。

六方集中　標準訓練【歩道橋・夜】レポート

▼夕暮れから夜にかけての1回目

六方集中の訓練をするのに、夕方から少しだけ暗くなった時間に、近所にある歩道橋に行ってみました。

暗くなってから歩くのも久しぶりで、また、外での訓練と思うとワクワク。

街灯のぼんやりと浮き上がる光や、暗いので耳を澄まして聞く音など、それだけで昼間歩くのとは違う気配を感じ、後方から近づき走り寄る自転車や仕事帰りの人たちがサーッと足早に近づいてくる後ろからの息づかいに足音や風を切る音、そんな気配を体全体で察知し、五感が研ぎ澄まされるのを感じることもできました。

薄暗くなった歩道橋の上に立ち、六方集中を始めると、左右、前後からの車の動きや音に加えて上と下も意識しやすく、空間の広がりも一気に感じられ、背筋がゾクゾクと。

歩道橋の上で立ち止まっているのは、危ない人のようで人目もありましたので、短い時間での練習となりましたが、集中が深まったので訓練としても有効だったと思います。

その夜、眠ろうと横になり目を閉じたとたんに、ピカッピカッと光がまぶたの裏でフラッシュし思わず目を開けて起きあがってしまいました。

これは一体何?!

とポカンとしたまま、もう一度目を閉じるとまたも閃光が。

もしかして、これが師匠がおっしゃっていたニューロン爆発かも、と興奮。

いつもと違うモードになり、すっかり目が覚めてしまい、つらつらと考え事をしていたら、苦手意識があり後回しにしていた事柄の解決法が突然閃き、なんだこんなに簡単なことで進められるじゃないかと、目からうろこ状態に。

同じように苦手意識があった、同列のものの心理的抵抗がすっかり消えて、訓練とともに心も軽やかになる体験ができました。

それ以来、日常の雑事が楽しくて仕方なくなったことを付け加えておきます。

▼完全に暗くなってからの1回目…実質2回目

完全に暗くなってから、歩道橋で六方集中訓練をしてみました。

暗さが前回より増し、高いところに立っているだけでゾクゾク感が強まり、下の空間を車が通ることで深さ（下）の意識や、夜空の広がりや、遠くに暗く闇と共に広く見える夜景と、昼間にはない明かりの不思議なゆらぎに、通常ではない体感覚が。

さらに左右、前後から聞こえる車の通る音が、六方集中をすることで、別々の要素としてではなく、一度にバンっと自分の中に飛び込んでくる体験をしました。

興奮はしましたがその夜は前と違い、静かな心で眠ることができ、一晩寝て、朝の食事の用意にきんぴらごぼうをつくろうと、長いごぼうの皮むきをしてからトントントンとごぼうを切る作業をしていたら、いつもは、これまた億劫《おっくう》でめんどうくさい一連の作業がなぜか楽しく、トントントンと固いごぼうをまな板で切る音がとても愉快に響き、いつもと違うくすぐったい感じになって手を止めてクスクスと笑ってしまいました。

このくすぐったさで、内側で響く音に対する感覚が変わったことに気づきました。

ビックリ、感覚のサプライズ!!

何気ない日常の中での出来事に、新鮮な驚きが湧き上がってきました!!

私はアークの護身術である「羅針道（旧　遊行禅護身柔術）」を学ばせていただいているので、自分の感覚を磨いていきたいと常日頃から思ってはいたものの、現代には真っ暗闇な場所も少なくどうしたらいいものかと思っていましたが、山籠りや洞窟に籠らずとも、五感を研ぎ澄まし感覚を広げ、不思議に至るための訓練がこんなにも簡単にできる、ということに感銘を受けました。

訓練、楽しく続けていこうと思います。

みなさまも、ぜひ、おためしください。

フリークエンシー共同開発者／木下朋枝

補記

現在、羅針道は公開しておりませんので、ご了承ください。

六方集中　標準訓練　レポート2

六方集中訓練、おわかりいただけたでしょうか？
他にも、1回目の訓練中にいろんな体験をなさった方々がいますので、ざっと紹介しておきますね。

上下左右前後と意識を六方に集中させていくと、ほどなくあくびが出て、それと同時に「視界がブワッと広がり意識が拡大する感じ」がしたSKさんは、鳥のさえずりや車の音がクリアになって、意識がまわりの景色に馴染んでいくような、溶け込んでいくような感じがした、とのこと。

MIさんは夜の歩道橋で行い、**あくびが出たあとも止めずに六方集中を続けて、オエっと盛大に吐きけに襲われましたが、これは「ここで止めなさい」のサイン**なので覚えておくとよいでしょう。

基本はあくびが2回出たら終了するようにし、もっと続けたい場合は、いったん集中を切って、仕切りなおしてからやってくださいね。

で、そのＭＩさんですが、その後、「よく知っている街なのに、あ、こんな広かったんだ、とか、こんなふうになってたんだ、などの再発見があり、視界の彩度が上がった感じがあり、面白くてキョロキョロしていました」と仰っていました。

また、交通量の激しい東京の環状8号線にかかる夕方の歩道橋で六方集中訓練を行ったＹＮさんは、排気ガスの音や臭いや消防車のサイレン、車のエンジンの音など、気になる大音量の騒音だらけだったにもかかわらず、その中で、「小さな植え込みあたりから、秋の虫の音が、ボリュームアップして聞こえてきました。車の音より数段大きいです。時間の感覚はなく、もう真っ暗になっていました。もっといたかったです」との感想を寄せてくださいました。

繊細すぎる人は、少し手間取るかもしれません。

1回～3回やる間には、なにがしかの意識の変容は体験できると思いますので、どんどん、トライしてみてください。

補記　祈りとしての六方集中

アークでは、六方集中による外全内零状態――フリークエンシー・オリジンを核にして、全6回で完結するセラピーをご用意していますが、その紹介の前に、このフリークエンシー・オリジン・セラピーでどれほどのことができるのかをお伝えしておきましょう。

▼TNさんによるレポート

親友の右肩に、五十肩の痛みが出だしたのですが、それがちょうど左肩の五十肩が治ったタイミングだったので、親友がとても不安で怖がっていました。ところが、そう打ち明けてくれたのは、彼が町田の自宅に帰る直前の新宿駅でしたので、立ち止まることもできず、かつ、人目もあるので歩きながらフリークエンシーをしてみました。初めてのことで、しかも歩きながらでしたので、その場で痛みは引かなかったのですが、彼が自宅に着いたときには痛みを忘れるほどになっており、翌朝になると、すっかり痛みが消えていることに気づいた、とのことでした。

安田解説▼

六方集中により整った波動は、できるだけ傍にいるほうが同期しやすいです。心臓から発せられる電磁波は数メートルありますが、1メートル範囲ぐらいにいるのがよいでしょう。

▼JYさんによるレポート・・・・・・・・・・・・・・・・・・・・・

月曜日から新型コロナに罹《かか》ってしまい、熱はすぐ下がったのですが、喉の激痛に耐えられず、リモートによるフリークエンシー・オリジン・セラピーをお願いしました。

痛みのある箇所に手を当てて静かに寝転んでおりましたところ、すぐに喉の痛みが軽くなったのを感じました！　また、痛みが軽くなる直前、突然、さまざまな感情が湧き上がり、まわりの方々やさまざまな事柄への感謝の思いが溢《あふ》れて、涙が出てきました。

喉の痛みは、翌日にはさらに軽くなっており、食欲も出てきております。本当にすごすぎます！

話が前後するのですが、左足の小指を家の中で強打して、青あざになってしまい、それも別件でご相談させていただいたところ、すぐに痛みが引くのを感じました。今、痛みはほとんどなく、あんなにきつかったのが嘘のようです。ありがとうございました！

いかがでしょうか？

フリークエンシー・オリジン、これは「祈り」みたいなものだ、とご理解いただけたら幸いです。

これと同じようなことを、修行を積んだ聖者さまたちは、桁外れなレベルで行っておられるのでしょう。

ちなみに、現時点では、遠く離れた人に祈りを届ける、ということは、理論的な裏付けができていないので、この本では遠隔については書きません、というか、とんでも科学になりかねないので、書けません（笑）。御容赦くださいませ。

第2章　起承転結&提

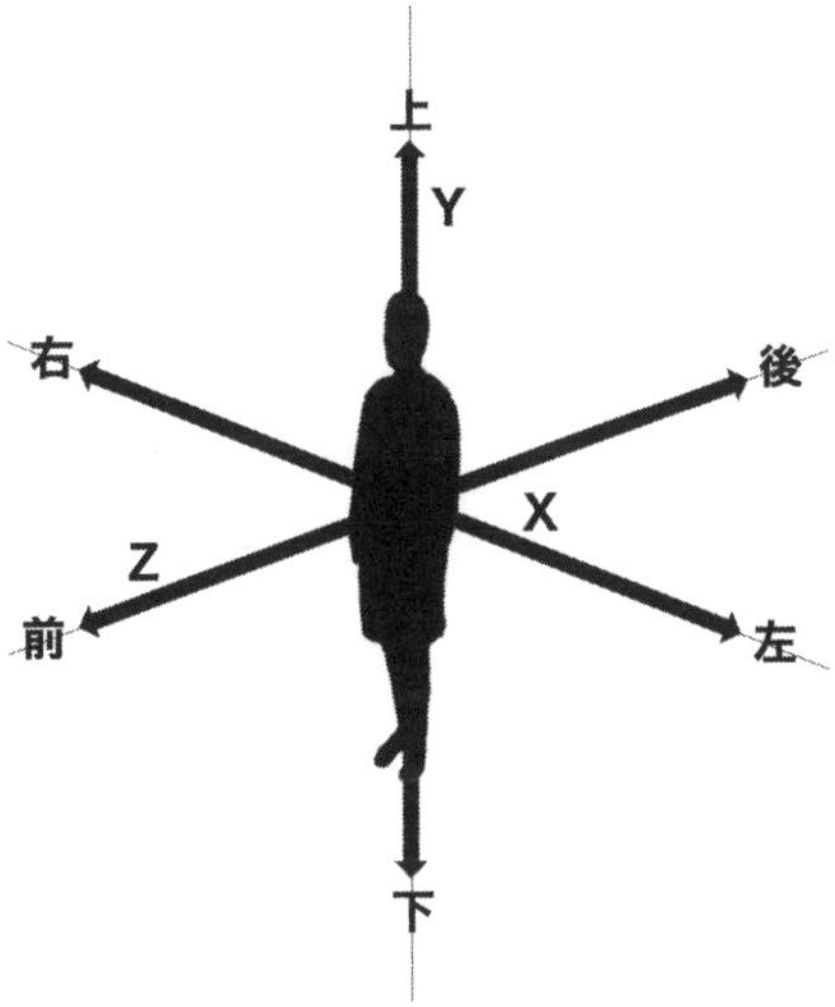

セラピーとしての
フリークエンシー
六方集母
上向
高速or交互瞬目
右傾
左傾
後方
前方
下向
首六方
セラピー
フィジカル
メンタル
スピリチュアル
お話の後
施術の後
光音の後
訓練の後

フリークエンシー・セラピー＝首六方＋瞬目＋六方集中

六方集中による外全内零状態になるフリークエンシー・オリジンに、「首六方《くびろっぽう》」という無意識の制限を取り除く処置と、「まばたき」を用いて脳のノイズを取り除く処置を足したものがフリークエンシー・セラピーになります。

手順の流れを説明します（図にまとめたものが62ページ）。

・相手のお話を充分に聞いてから、無意識の反応をストレートに出すために
・相手の方に首を緩める処置をしてもらい
・高速まばたき、または、交互にウインクをして脳の膠着《こうちゃく》状態を一時的に解除し
・相手の後ろから六方集中をして、あくびを２回待ち
・相手に「高速まばたき」か「交互ウインク」をしてもらい、セルフケアをお伝えして終了

首六方とは

ストレス反応も含めて、人が感じている情動は、身体表出をします。させているのは大脳辺縁系。

ご存知の方も多いと思いますが、この大脳辺縁系には、これまでの経験から蓄積された判断が保存されており、危険なこと、不愉快な出来事、それをもたらした人、そのときの状況などは、次に同じ目に遭わないために詳細に記録され、大脳辺縁系に書き込まれる、というか、登録されます。

一度登録されると、次回からは同じようなものと遭遇した瞬間に、対処するための反応や逃避行動が生じます。

この反応は生存戦略としての防衛反応なので、論理的でもなく、合理的でもなく「体に刻み込まれた自動的な反応」であり、これは意識的に介入するか、その人の「在りよう」が劇的に変化する体験をしない限り、同じことが毎回、自動的に繰り返されます。

さらに、こうした反応は、生存に好ましい嬉しいことや、心地よい体験に対しても生じるので、この大脳辺縁系による「身体表出」をみれば、本心や本音がわかってしまう、ということになり、ＦＢＩなどでは犯罪捜査に使っていたりしますが、アークではこれを、本心や本音を見抜くためとかに使うのではなく、身体表出してくる部位をあらかじめ緩めておくことで、無意識の反応、関与などを弱めるために使います。

大脳辺縁系がもたらす反応は、目の動きも含めた微表情として顔に出るもの、動作というか仕草に出るもの、指の動き（マニピュレーションといいます）などがありますが、**アークでは、これらが生じるときに首が緊張することに着目し、あらかじめ首を緩めておくことで無意識の反応をストレートに出し、無意識の懸念も含めて丸ごと解決、というか、解放へ導くようにしています。**

したいのにできない、とか、したくないのにしてしまう、など、無意識が暗躍しているようなことは、首六方だけで改善してしまうこともあるので、お試しください。

首六方をやってみよう！　やり方とコツ

▼**首六方は**

①頭を上に向ける
②頭を下に下げる
③頭を左に倒す…左耳を肩に付けようとする動き
④頭を右に倒す…右耳を肩に付けようとする動き
⑤顔だけを前に出す…よく見ようとするときの動き
⑥顔だけを後ろに引く…驚いたときの動きをゆっくりするだけ

なのですが、これだけでは当然、首は緩みませんので、このたび初公開する**「ラウジング」という秘伝技**を用います。

▼秘伝　ラウジング

やり方は、すべての動き共通で、たとえば正面から上を向く場合ならば、上を向けるだけ向いてから、ほんの少し戻り、３秒から５秒キープしてから正面に戻る、というものです。

痛いところがある人は痛みのところを限界として、特に痛みのない人は、いけるところまで上を向いてから、ほんの少し戻ってください。

イメージとしては１ミリとか２ミリ。この「ほんの少し戻す」ことが、生命力の呼び水となって、首の硬さが一気に半減します。

詳しい理論は省きますが、「限界まで負荷をかけて、ほんの少し戻す」ことで、圧力を受けて動きが止まった体液が、ほんの少し戻した隙間に流れ込むように動き、この流動が細胞に電気的活性を与え、全身が活性化し、それに伴って、心の状態までよくなっていきますので、ぜひ、お役立てください。

首六方

順番

①上②下③左傾④右傾⑤前出⑥後引

コツ

（ラウジング）

限界まで動かしてから僅かに戻す

痛みがある時は痛むところを限界として

そこから僅かに戻す

首六方をやってみよう！　やり方の詳細

※　普通に前を向いた状態がスタートポジション。
そこから真上を見るようにしましょう。体を反らさないよう注意してください。

※　痛みのない人は、いけるところまでいき、痛みのある人は、痛いところで止め、
そこからわずかに戻し、３秒キープしてからスタートポジションに戻ります。

※　真上と同じく、真下も、右傾、左傾も、顔を前に出す、後ろに引く、も、顔だけ
というか頭部だけを動かすように注意してやってください。

※　限界まで動かしてから、わずかに戻す。それを忘れずに!!

首六方こぼれ話

悪質な詐欺《さぎ》にあってしまった人がいます。ご本人いわく「この事件を思うと、犯人への怒りもありますが、初めてではなく、またもまんまと騙《だま》された自分を悔いる日々を送っている」とのこと。で、この自分を思うと、なんと軽率な、との思いが噴き出すものの、あきらめムードも漂ってきて、頑張らなきゃと思う反面、めんどくさくもあり、混乱してしまうのだそう。

そこで、**首六方で無意識の働きを自覚してもらいました。**

ちなみに、**これは首の角度によって出てくる無意識を知るためのものなので、ラウジングをしないように注意してくださいね。**

①上を向いて自分のことを考えると「バカだな」との思い

②下を向いて考えると「変わらなきゃ」

③頭を左に傾けると「何でそうなったのかなぁ？」

④頭を右に傾けると「対策は必ずあるはず！」
⑤顔を前に出すと「こんな単純なことだったのに」
⑥顔を後ろに引くと「ま、いいか」

という、自分でもびっくりしてしまう「いいかげんさ」が出て、笑うに笑えず、という事態に。

ご本人は、プラス思考が得意とのことですが、この「いいかげんさ」はプラス思考とは似て非なるものだと理解され、さらに、これがあるために、同じことを繰り返し、何度も騙されることも理解されました。

今は、前向きに、粛々とやるべきことをやって事件の解決に向けて動いておられますし、その姿勢に応じてくれるかのような大きな流れが偶然では片づけられない形で来ていますので、よい結末を迎えられると思っています。

自分の無意識の働きを知りたい方は、おためしください。

上はポジティブで、下はネガティブ、みたいな分類はできません。

一人一人、指紋のように違うものなので。まさに個性的。

続　首六方こぼれ話

こんな実験もあります。
まず質問してください。「お昼ごはん、何にします？」
自問自答でも、誰かに尋ねてもＯＫ。
その答えが、韓国冷麺《れいめん》だったとします。（実験協力者ＴＹさん）
これが、顔が正面に向いているときの「正面での考え」になります。
首の角度を変えていくと、
正面…韓国冷麺
①上向き…石焼きビビンパ　②下向き…キムチチャーハン
③左傾…ラフテーそば　④右傾…ヘルシーなものを
⑤顔を前…ダイエットしなきゃ　⑥顔を後ろ…悩みたくない、どうでもいい
となっていきました。

で、最後にもう一度、「お昼ごはん、何にします？」と尋ねると、〝キューバ式サンドイッチ〟へと変わりました。

で、この実験は、無意識の作用を体験するものなので、ラウジングを用いないでやってくださいね。

ラウジングを用いてやるときは以下の通り。

「お昼ごはん、何にします？」の答えを出しておきます（実験協力者ＴＫさん）。

ＴＫさんの答えは〝とんかつ〟でしたが、上向き、下向き、左傾、右傾、顔を前に出す、顔を後ろに引く、というラウジンクをしてから、もう一度「お昼ごはん、何にします？」と尋ねると、〝食べなくてもよい〟へと変化しました。

お二人とも、最初とまったく違う食べ物をチョイスしたことに「我ながらびっくり！　私って、何？」とおっしゃっていました。

みなさまが、この実験を通して、一つの自分の「考え」には、少なくとも六つの無意識の作用があり、それが首の角度や硬さに表れること、また、その首の組織全体を緩めることで「考え」が変わることを身をもって理解してくだされば幸いです。

やってみました　首六方

▼とある男性

長年勤めた会社を辞め、起業に向けて勉強中。時間はあるので、沖縄へ。
その思い出は、もちろんグー！
そこで首六方を試してみました。
正面…はしゃいだ気分、楽しい
上向き…楽しさがますますアップ　下向き…あれ、楽しくない
左傾…沖縄？　何それ　右傾…はしゃぐ感じで楽しい
顔を前…また行きたい！　顔を後ろ…じゃまくさい（行き帰りとか準備とか）
で、再度正面で沖縄旅行を思うと落ち着いた楽しさに。
本人いわく、子供じみた喜びや、忙しかった会社員時代に復讐するかのように、必要以上に旅行を楽しいものにしようとしてる思いなどが消えていったとのこと。

ついでに、その楽しい沖縄旅行で唯一むかついた、有名なソーキそば屋さんが満員で、飛行機の都合で入れなかったことをテーマに、首六方のラウジングをしてみたらなんと……、

めっちゃ嬉しい！

となってしまいました。

すごく繁盛していてお祭りみたい！　この店すごい!!と思えるのでした。

「自分の気持ちが、自分の損得にしか反応していないのがわかってしまってちょっと恥ずかしい。でも、自分のことのように喜べた自分にとまどってます」と仰ってましたが、私には、この男性の本来の人柄が出てるように思えました。

食べたいもの実験でも、彼は、普段は、目先の欲や癖やこだわりで食べ物を選んでいて、首六方のあとは「本当に必要なもの、生命とか体が欲するものが出てくることを体験し、自分の中に自分以上の知性が存在していることも感じた」とのことでした。

首六方（ラウジング）は、首を緊張させていた無意識を解放し、本来の自分、在るべき自分に導いてくれる秘法のひとつなのです。

瞬目　つまり　まばたきの技法

これについては、いきなりやり方から入ります。

▼瞬目　つまり　まばたきの技法
・特に何も考えず、高速でまばたきを8回～10回を目安に行う
　※高速の基準は、両手で「指キツネ」をつくり、親指と［中指＋人差し指」を高速で動かすのと同じくらいの速さ
・または、大きく交互にウインクを8回～10回を目安に行う
・特に何かを考える、とかでなく、ただ動作をするだけでOK
・どちらも目を大きく見開いてから行ってください

で、この「意識的まばたき」で何をしたいのか、というと、余計な雑念を含め、意

識のモード、脳の状態を変えるのを目的としています。

いわば、ノイズキャンセリングみたいなことで、緊張の緩和や気分の切り替えというか、ブレイクとして捉えてください。

高速まばたきと交互ウインクの2種類を用意しているのは、日常生活の中で、また、人前でも使いやすいように考慮したためで、二つの技法に優劣はありませんので、適宜、お使いください。

で、まばたきには「自発性瞬目」、つまり、自然に起こるまばたきもあるのですが、これは、大阪大学大学院生命機能研究科の中野珠実《なかのたまみ》准教授らの研究から、自発性まばたきにより、目を閉じている0・3秒ほどの間に脳は情報をとりまとめることや、目を開いた後に次の情報処理にとりかかることなどがわかっています。これは、まばたきと脳の働きの関係性がわかったという大発見で、今も研究が進められています。

ここで使うのは、マブタの開閉時に大きく動く眼球運動が発生させる電気をブレイクにつかう「マブタの体操」だと思って、気楽にお試しください。

その効果、びっくりなさると思いますよ！　論より証拠、お試しあれ！

まばたきの力

推薦文を寄せてくださったフリーダイビング日本代表の奥山まどかさんは、2022年ブルガリアで開催の世界選手権という大舞台においてSTA（スタティック・アプネア。静かに息をこらえる種目）で約4年ぶりに自己ベストを更新されましたが、水の中でも緊張が高まるとまばたき（意識した小さな動き）をしていたそうです。

まどかさんは「アークの神秘に助けられました」とまで仰ってくださっており、まことに光栄の至りではありますが、もともとそれだけの力があり、まばたき技でうまく緊張をかわせたことによる結果、ということでしょう。

それにしても、日本代表だなんて。最初にお会いしたときは、心身ともに本当に大変そうでしたが、いつの間にか、無理だと仰っていた家も買われたり、すごいなぁと思っていたら日本代表になりました、との知らせが……。そんな、予想のつかない奥山まどかさんのプロフィールはこちら（左ページ）！

AIDA
WO
CH
BU
Madoka Okuyama
Profile
公式記録
STA（スタティック・アプネア）　６分０１秒
ブルガリアで５分３５秒
4年ぶりに自己ﾍﾞｽﾄ7秒更新
DYN（ダイナミック・アプネア ウィズ フィン）　159m
DNF（ダイナミック・アプネア ウィズアウト フィン）109m
（2022.09現在）
表彰歴
Freediving Indoor Cup in 鈴鹿 2018 第３位
TeamBlueArch公式記録会2020 総合第２位
BlueArchCUP2022 総合第３位
日本代表選手歴
（幻の）AIDAフリーダイビング世界選手権2020プール個人戦
STA・DNF
AIDAフリーダイビング世界選手権2022プール個人戦
STA・DYN

まばたき技　レポート

▼ＹＳさん（ピアノ＆アコーディオン奏者）によるレポート・・・・・・・・・・・・・

「またか〜(-.-)」

その日、私はひどく落ち込んでいました。

ライブまで1週間を切ったところで曲が弾けなくなったのです。何年もライブのたびに弾いている曲です。とはいえ、今まで何度もこんなことがありました。緊張しているわけでもないのに、ライブが近づくと弾けなくなるのです。

それは何の前触れもなくやってきます。ライブ直前だったり、へたするとライブの真っ最中に突然きたりします。すると、それまでの努力がめちゃめちゃです。

ただ、今回はライブの最中ではなく数日前なのが救いでした。今からやれることをやればいい。そう思い安田先生にご相談しました。

＊

セッションはライブの3日前の昼休みの15分。車の中で受けました。

ライブまでに不安を感じたりしたときに、高速で5～6回パチパチとまばたきをしました。カメラのシャッターを切るみたいな感じです。

＊

（中略）

今回参加したライブは、一番長いお付き合いのライブハウスの17周年記念イベントで、私は三つのバンドに出演し、そのうちライブのトップを飾るバンドを一番長く続けているのですが、このバンドの曲が弾けなくなってしまったのです。

それも一番好きな曲です。

当日、すごく普通でした。普段だと緊張がMａｘに達するか、ボンヤリしてしまうかなのですが、落ち着いていたし集中していました。これからどうなるか、あまり考えず淡々とやるべきことをしていました。

たくさんのバンドが出るので本番は3曲演奏で、その1曲目が問題の曲です。

さて、本番です。ドラムのカウントと同時にまばたきをし、鍵盤に指を乗せ1発目のコードをガツンと出す。

気持ちよかったです。

いつもなら気になってしまう客席の様子も、見てはいるのだけど気にならず、いい集中が続き、失敗率が高いフレーズも、「えーい、やってしまえ」と弾いたら今までで一番の出来でした。

全部自分でコントロールできている感じ、最高でした。

他の曲にも不安な箇所があったのですが、弾き切ることができました。

最後の出番は最終日の5番手、こちらも面白いことが起こりました。

この日、最終日にもかかわらず盛り上がりに欠けており、なんとなく白けたムードも漂ってきたところで出番がきたのですが、ここで、どのようにして変わっていったのか残念ながら覚えていませんが、一気に空気を変えることができました。

そのあとはラストまで大盛況で、終わってからも帰りがたくあちこちで話し込んでいる姿が見られました。幸せな時間でした。アークの技の凄さを生で実感しました。

まばたき技法

ノイズ・キャンセリング

高速まばたきをする

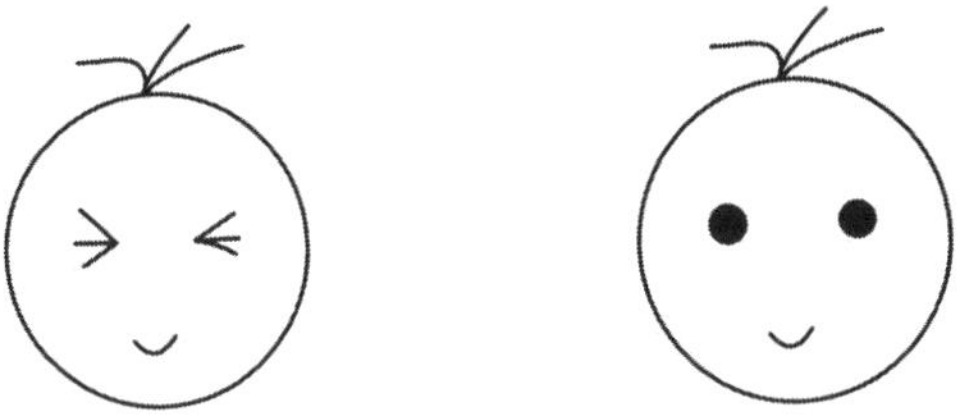

または

交互ウインク　(目は大きく見開いて)

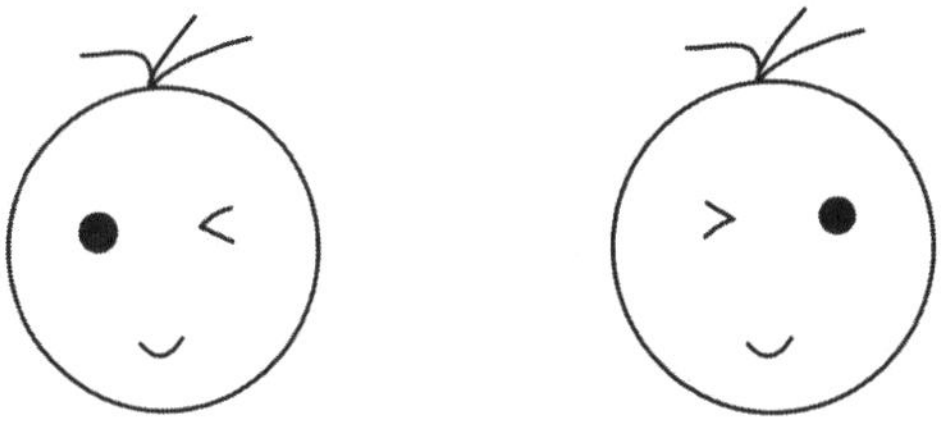

フリークエンシー・セラピーの一連の流れ

●相手の方のお話や悩みを真剣に聞かせていただく

▼

●首六方（上下左右前後）のラウジングを相手にしてもらう

・顔を上に限界まで上げて、わずかにもどし、３秒～５秒キープして元にもどす
・顔を下に限界まで下げて、同様にする
・顔（頭部）を左に限界まで傾けて同様にする
・顔（頭部）を右に限界まで傾けて同様にする
・顔だけを水平に限界まで前に出し同様にする
・頭を水平に限界まで後ろに引き同様にする

※これで主たる無意識六つを解放します

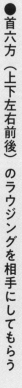

●高速まばたき、または交互ウインクを相手にしてもらう

・どちらも大きく目を見開いてから行ってもらう

▼

●相手の後ろにまわり、相手に目を閉じないように伝え、相手の後ろからフリークエンシー・オリジン＝六方集中（外全内零）を行う

・あくびが２回出るまで行う

※目を閉じると悩みモードが始まってしまうので目は開けましょう

▼

●相手の方の悩みの度合いの変化を尋ね、効果の判定をお互いに確認する

▼

●セルフケアをお伝えして終了

※首六方のラウジングを健康法として、高速まばたき、交互まばたきは日常のプレッシャー時やモードを変えたい時に使うことをお伝えしてください

フリークエンシー・セラピー実演レポート

▼2022年9月25日ワークショップにて
デモンストレーション▼フリークエンサー：安田隆　クライアント：Yさん
レポート▼木下朋枝

・Yさんの状態…何をしても治らなかった慢性的な偏頭痛と首の痛み
治らないとあきらめていたため期待もせず、改善したいとも思っていなかったが、
実験なので受けてみたいとのこと。
安田先生が後ろに立ち、Yさんに高速まばたきをしてもらう。
※この時点では、首六方は非公開だったので、前述とは別の首ラウジング技をし
てからフリークエンシー&六方集中へ。
すぐにあくびが出て、さらに10秒くらい経ったところで2回目のあくびが出たので、
Yさんに仕上げのまばたきをしてもらって終了。

結果は、頭痛も首の痛み、張りなども消失！

さらに驚いたのは〝視力の回復〟で、フリークエンシー後はまわりが明るく見えたりするのですが、そうではなく、実際に視力が上がり、座っている場所から、それまで見えなかった本の文字が見えるようになった、とのこと。

Ｙさん興奮、私も興奮。

Ｙさんはワークショップによく来てくださる方で、毎回、ワークショップのたびに驚いてくださっていましたが、今回はすでに慣れっこにもなっていた痛みで、どこにいっても改善しなかったために、相談しようという発想がなかったためか、かなりの興奮ぶりで、目がキラキラ輝いてらっしゃるのが印象的でした。

ちなみに、このときに使った首ラウジング技は、両耳の後ろにある乳様突起の後ろにある窪《くぼ》みを親指でラウジングする秘孔技だったのですが、素人にはかなり難しく、また、セルフケアとしてもやりにくいので、このワークショップをきっかけに首六方のラウジングを公開することになったのですが、器用とはいえない私にはありがたかったです。

▼2022年9月25日ワークショップにて

デモンストレーション▼フリークエンサー：SK　クライアント：Fさん

レポート▼木下朋枝

・Fさんの状態…ひどい五十肩で腕は水平までしかあがらない状態

Fさんはワークショップ皆勤賞の方。過去のワークショップ技法で慢性胃痛を癒し、ダイエットにも成功し、仲の悪かった人となぜか親しくなり、対人関係も良好に、という体験をなさっていたが、五十肩の痛みによる可動域制限はワークショップの技ではこれ以上どうしようもなかった、とのことなので、後ろに立ち高速まばたきをしてもらう。

Fさんの首をラウジングしてフリークエンシー、つまり六方集中へ。

フリークエンサー側のあくびが出るまでは少しかかりましたが、1分ほどで2回目のあくびが出たので、Fさんに仕上げのまばたきをしてもらって終了。

結果は、痛みなく頭上まで腕があがるようになり、本人びっくり！

SKさんは整体師でもいらっしゃるのですが、五十肩を一瞬で改善させる光景は、動画で見たことはあるものの、生で見るのは初めてで、自分がそれをもたらしたことに、感動しておられました。

もちろん、Ｆさんも、参加していた一同も、びっくりした次第です。

▼その他に……………………………………

・フリークエンサーＭＹさんが、たまたま寝違えて首が動かせない状態でお越しになった元舞台女優Ｓさんの首を治してしまった。

・不肖、木下が、コロナの自粛生活の影響か、やる気がまったくでないＯさんの気分をあっという間に変えることができたことを報告しておきます。

補足…

寝違いで首が動かせなかった元舞台女優さんは、以前のワークショップでできなかった正座ができるようになったこと、またＦさんを担当したＳＫさんも痛風で正座できなかったのを前々回のワークショップで改善したことも報告しておきます。参加してくださったみなさま、おつかれさまでした！

フリークエンシーの目指す場所　個の中の普遍

私は元々ドラマーでしたが、この道に入るきっかけは、内側に湧き上がるエモーションが手足にダイレクトに伝わらない、練習を重ねてもどうにもできなかったエネルギーの詰まり、気の滞りがあるのを解決するためでした。

もちろん、ドラムの練習法に、脱力を用いて手足の動きをスムーズにする方法はあるのですが、それだと湧き上がるエモーション、これを「自己表出」とよびますが、それが損なわれてしまうんですね。

よいドラム職人にはなれても、ドラムの表現者にはなれないというか、誰が叩いても大差ない、とても上手だけど、何もサムシングがないみたいな。

私はピカソが「誰もこのように描けない」と感嘆した、クロマニヨン人が描いたとされる「アルタミラの洞窟壁画」が放っている「力のほとばしり」や、岡本太郎さんが驚愕した縄文の火炎土器が放つ力と同種のエモーションが内側にあるので、身体操法のみによる練習では、それを表出できないことがわかっていたんですね。

なので、洞窟にこもってみたり、新月を挟んだ3日間を山の中ですごしたり、など、クロマニヨン人や縄文人に少しでも近づくべく、一見、ドラムとは関係のないような訓練を自らに課していたんですね。

武道を学んだのも、「武」を極めたいわけではなく、この「自己表出」のためでしたから、もっぱら、心眼を拓く系の古武道を研究していました。

身体の操作や合理性以外の理法を用いた、神秘的なものを求めていたわけです。で、その理法といえば大げさですが、それが、今、お伝えしている六方集中による外全内零で、世間ではそれをトランスとかゾーンみたいなものと理解するかもしれませんが、それにより、「個の中の普遍」と同期することこそが、六方集中の醍醐味といえると私は思っています。

願わくばみなさまが、フリークエンシーを通じてそれぞれの個の普遍と同期し、それが周りに伝播し、それぞれが、それぞれにおいて、それぞれに輝き、個人にしか歩めないそれぞれの道を歩んでくだされば、と願っています。

夜明けの跨線橋から
六方集中の訓練場所のひとつ

第3章

起承**転**結&提

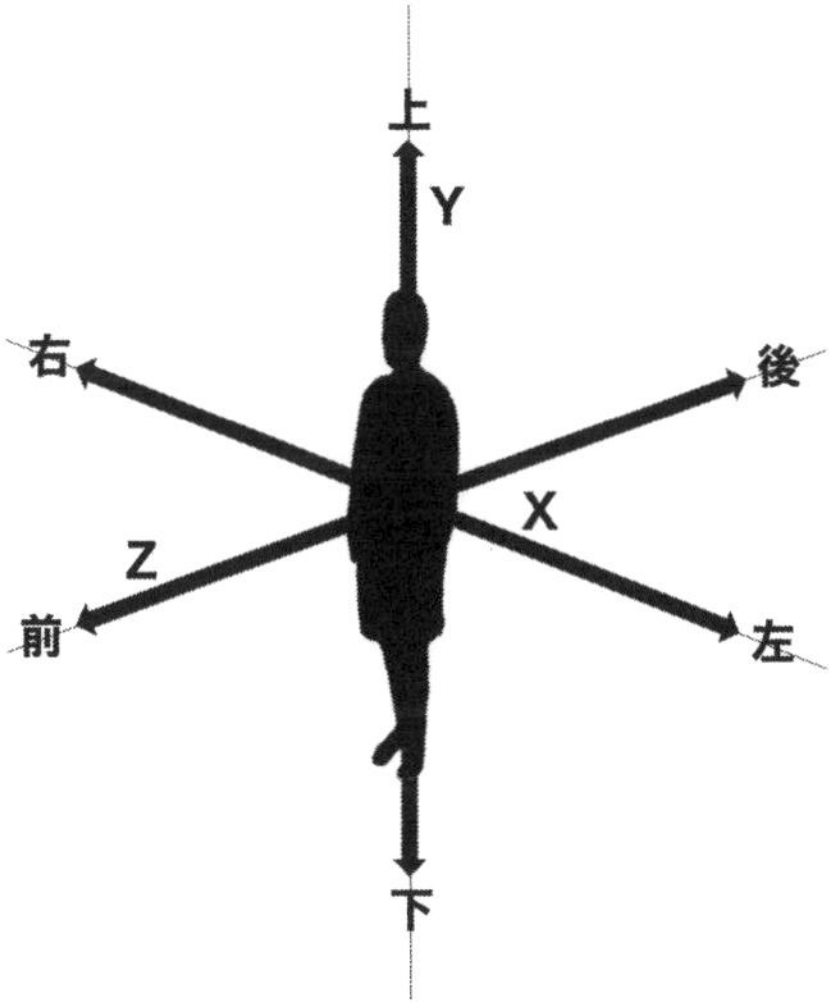

フリークエンシーへの道…始まりは波動干渉

思えば長い旅でした。巷《ちまた》に溢れる優れた秘法の共通項を探し、誰にでも、そして自分にも使えるようにしたいとの思いは、後に『波動干渉と波動共鳴』という形にまとめることができ、さらにそれを単純化して一本化した、強烈な効果をもたらす『奇跡の技法アルケミア』を上梓できたときは本当にうれしかったものです。

いままでも、巷では優れた技法や秘法が発表され続けていますが、幸いなことに「波動干渉人体図」に組み入れることができ、それを見ながら、私は、いままで見いだせた共通項の奥にあるものを垣間見ることができ、深い理解を得ることができています。

左の図（89ページ）はみなさまには価値のないものかもしれませんが、一応、紹介だけさせていただきますね。なにがしかの参考になれば幸いです。

なるかなぁ（笑）。

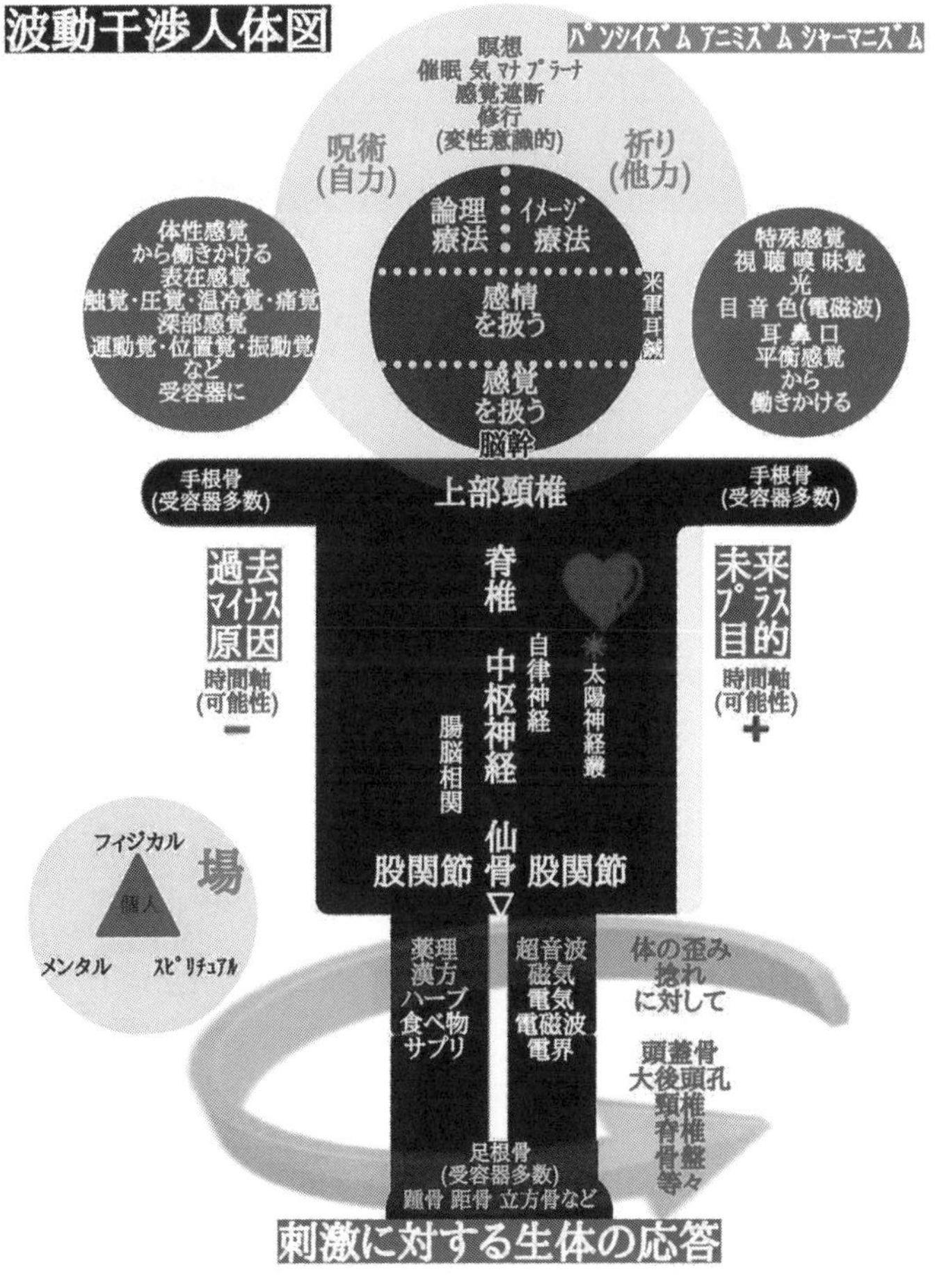

波動干渉人体図
パンシイズム アニミズム シャーマニズム
瞑想
催眠 気 マナ プラーナ
感覚遮断
修行
(変性意識的)
呪術
(自力)
祈り
(他力)
論理
療法
イメージ
療法
感情
を扱う
感覚
を扱う
脳幹
米軍耳鍼
体性感覚
から働きかける
表在感覚
触覚・圧覚・温冷覚・痛覚
深部感覚
運動覚・位置覚・振動覚
など
受容器に
特殊感覚
視 聴 嗅 味覚
光
目 音 色(電磁波)
耳 鼻 口
平衡感覚
から
働きかける
手根骨
(受容器多数)
上部頸椎
手根骨
(受容器多数)
過去
マイナス
原因
時間軸
(可能性)
−
脊椎
自律神経
太陽神経叢
中枢神経
腸脳相関
未来
プラス
目的
時間軸
(可能性)
＋
フィジカル
個人
メンタル
スピリチュアル
場
仙骨
股関節
股関節
薬理
漢方
ハーブ
食べ物
サプリ
超音波
磁気
電気
電磁波
電界
体の歪み
捻れ
に対して
頭蓋骨
大後頭孔
頸椎
脊椎
骨盤
等々
足根骨
(受容器多数)
踵骨 距骨 立方骨など
刺激に対する生体の応答

波動干渉をまとめた書籍
『波動干渉と波動共鳴』（たま出版、1996年）

フリークエンシーへの道…波動干渉からアルケミアへ

波動干渉という、秘法の共通項を単純なモデルに落とし込んだ物差しを持つことで、クライアントさまに応じたオーダーメイド的な対応ができるようになり、本もたくさん出させていただきましたが、クライアントさまが増えるに従って、技が効かない方も増えたのですが、そんなときは、その人に合わせて新たな技を開発したり、新しい秘法を解析して用いたりして対応していたので、ただでさえ多くなってしまった技がさらに増え、私をアシストしてくれているスタッフがあっぷあっぷしてきたので、波動干渉のエッセンスが凝縮されたシステムを創ろうと一念発起し、スタッフみんなの知恵を借りて創りあげたのが、今の現実の中に潜んでいるプラスの可能性とマイナスの可能性を引っ張りだしてぶつけ合い、人工的な葛藤を創り出し、それを乗り越えたときに生じる「内なる力　進化の力」を得る、波動干渉の結晶、アルケミアです。

今も私を助けてくれている物差しである「波動干渉図」と、みんなで創りあげた「アルケミア図」を載せておきますので見てみてくださいね（93ページ）。

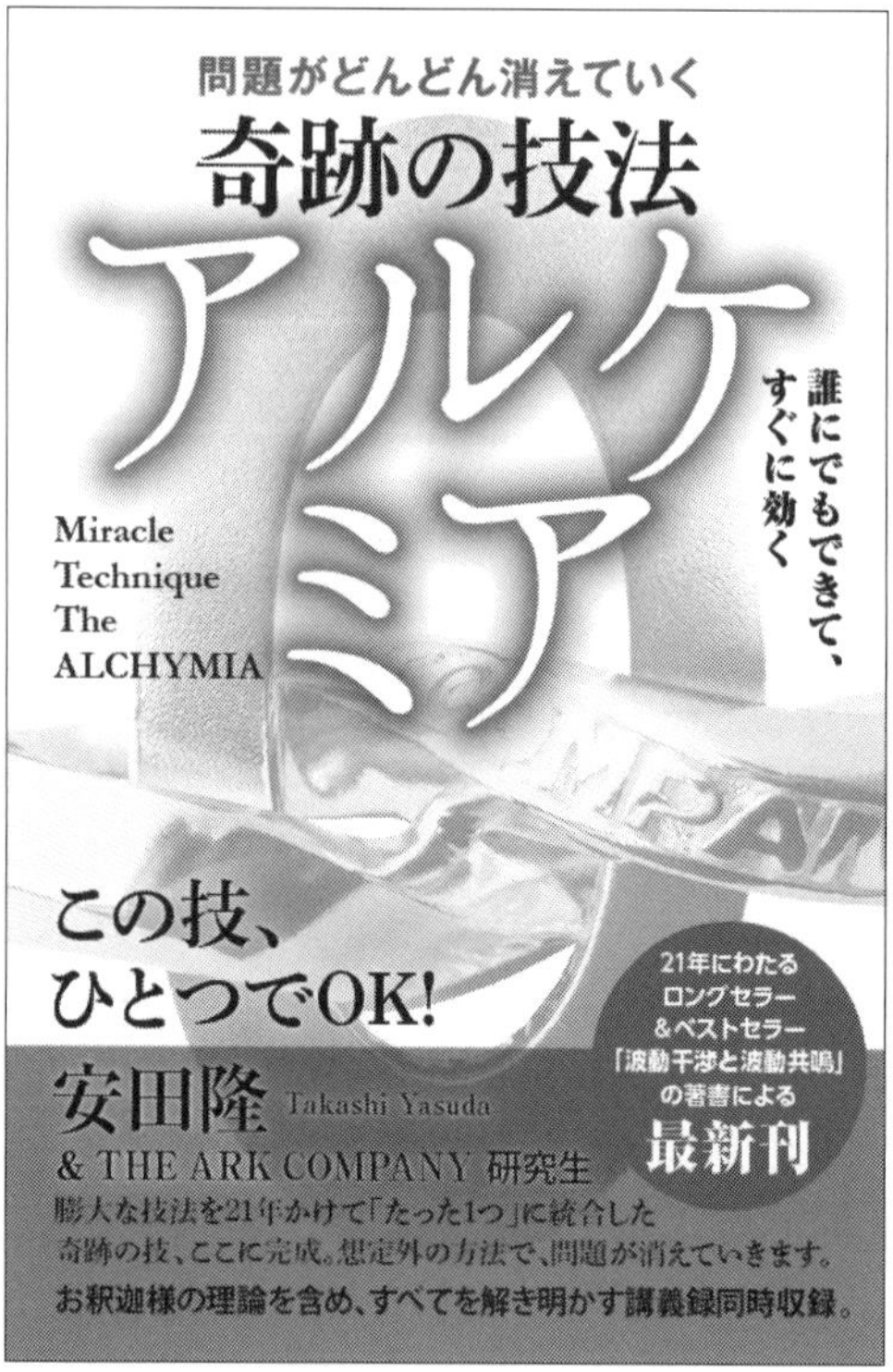

『問題がどんどん消えていく奇跡の技法アルケミア』（安田隆＆THE ARK COMPANY研究生、ヒカルランド、2017年）

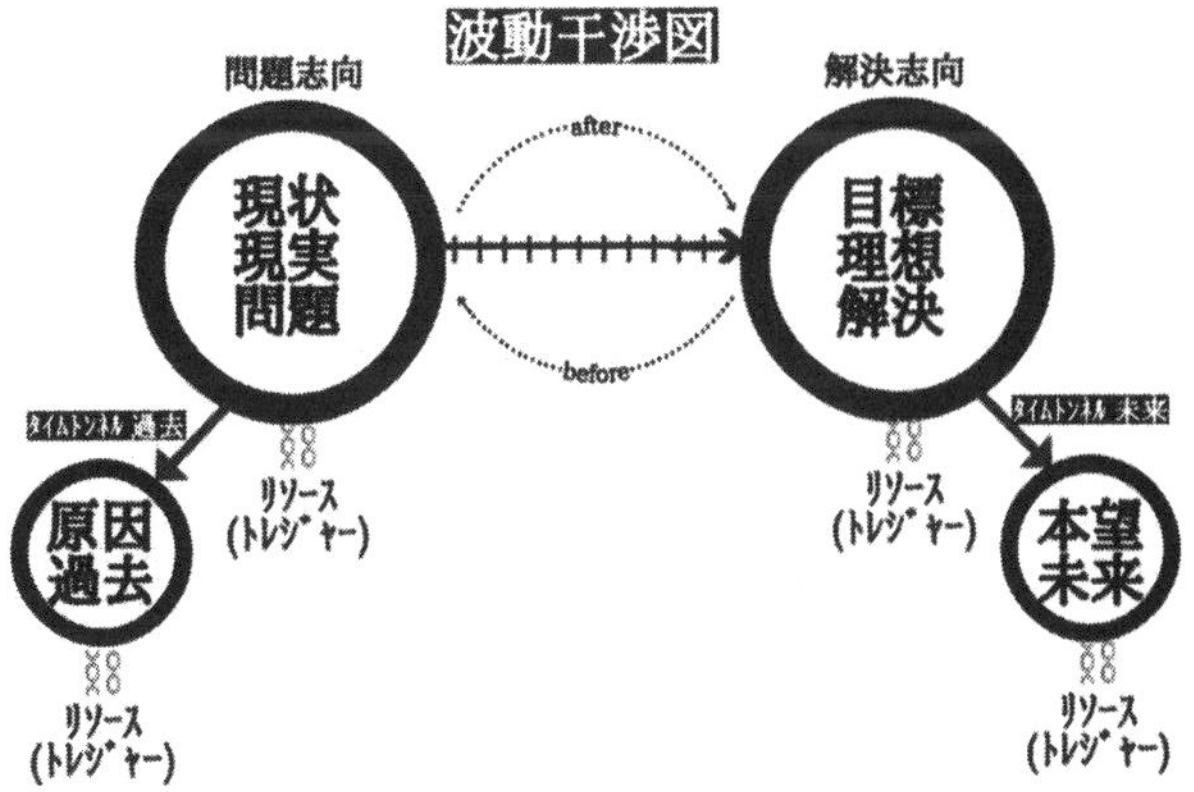
波動干渉図
問題志向
解決志向
after
before
現状
現実
問題
目標
理想
解決
タイムトンネル 過去
タイムトンネル 未来
原因
過去
本望
未来
リソース
(トレジャー)
リソース
(トレジャー)
リソース
(トレジャー)
リソース
(トレジャー)

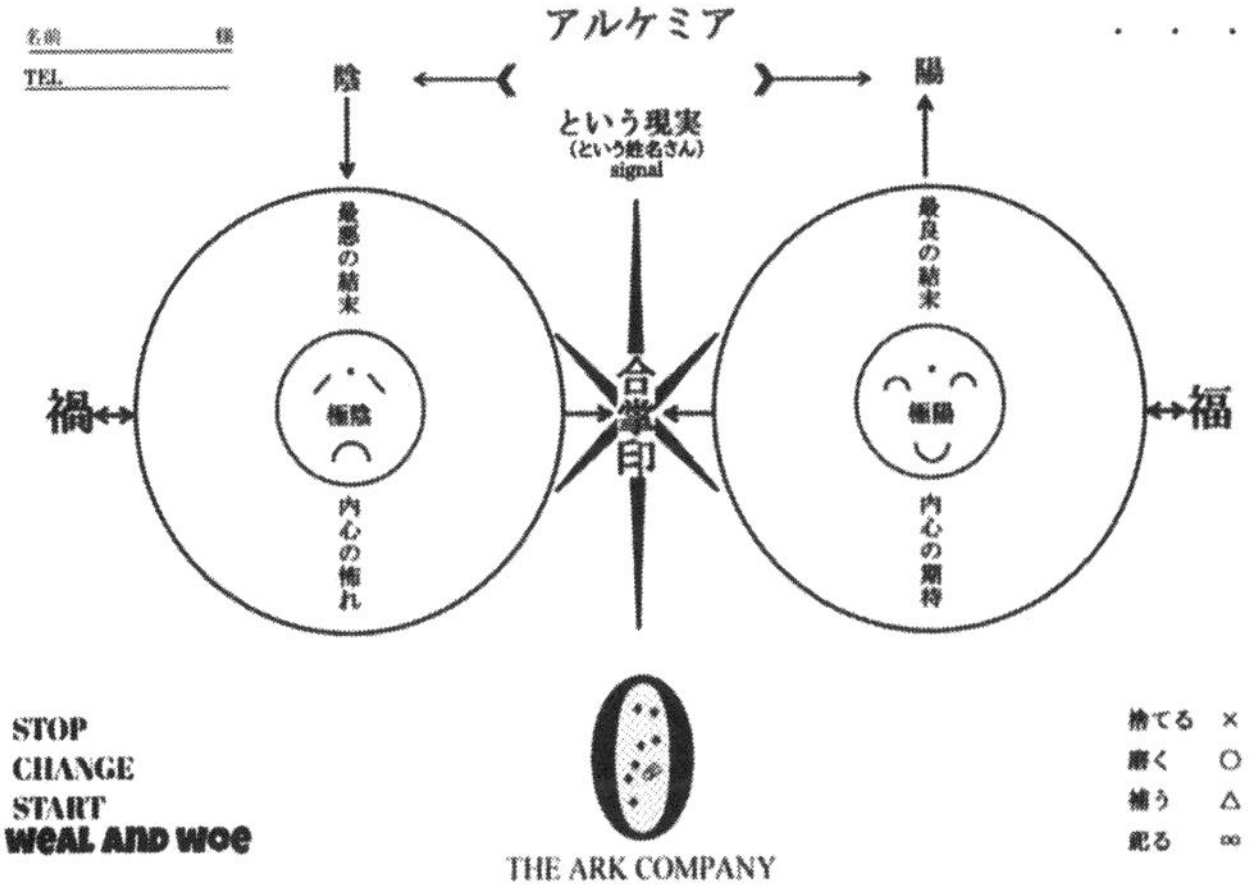
アルケミア
名前　様
TEL.
陰
陽
という現実
(という姓名さん)
signal
最悪の結末
最良の結末
禍
福
極陰
極陽
合掌印
内心の怖れ
内心の期待
STOP
CHANGE
START
weal and woe
THE ARK COMPANY
捨てる ×
磨く ○
補う △
祀る ∞

フリークエンシーへの道…
アルケミアから0《ゼロ》の秘術へ

アルケミアをセッションでやっていく中で、現実圧、つまり、現実がもたらしている重圧をきちんと体感してもらえたら、それを一気に0《ゼロ》にもっていけることがわかり、波動干渉がいまいち合わない方や、親にいやいや連れられて来る子供さんたちのために開発した即効技を中心に「0の秘術」としてとりまとめ（左図）、「七つと一つと命の魔法」と題して、ヒカルランドさんでセミナーをさせてもらったりしました。たとえば、嫌なことを感じて、口を大きく開けるだけのパナシアという技、これは、口を開けて咬筋《こうきん》を伸ばすと、それが「あくびを出せ」という信号になり、解放反射である「あくび」が出て、嫌なことが劇的に減衰する技なのですが、これがまったく効かない人が出てきたんです。それが、現実圧を感じられない方々、内受容感覚の鋭敏でない方だったのです。

０の秘術
七つと一つと命の魔法

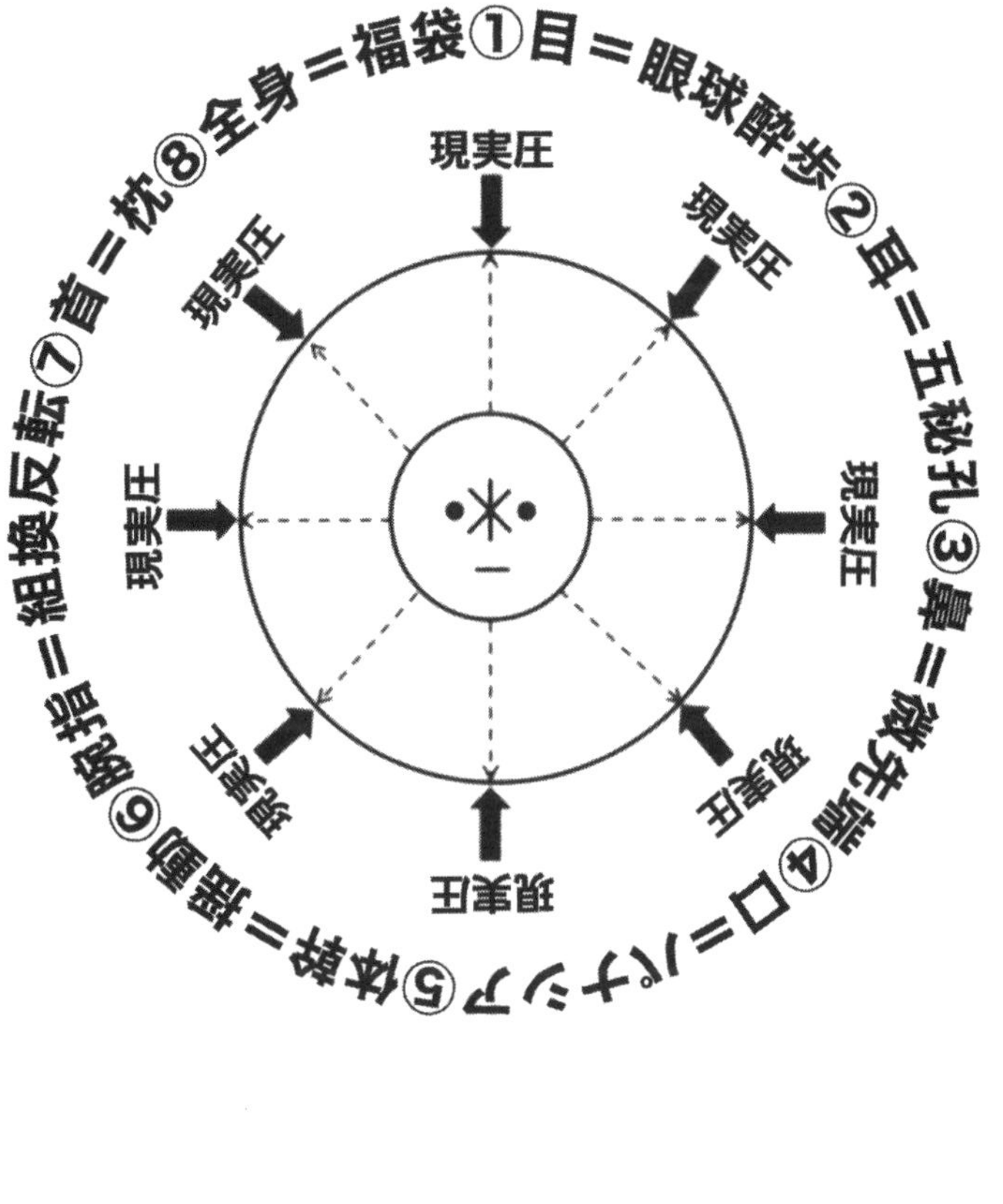

フリークエンシーへの道…
0の秘術からフリークエンシーへ

「仕事で大変なミスをして夜も眠れないほど苦しいんです。助けてください」

「それは、お辛いですね。で、どんなふうに苦しいのか教えてください」

「え？　それは特にないんですが……」

「胸が苦しいとか、のどがしめつけられるとか」

「全体が、ですかね」

「眠れないほど、苦しんでいらっしゃるんですよね？」

「そうでもないというか、それぐらいの気持ちというか」

「苦しいと思う時の、体の変化をお聞きしたいのですが」

「よくわかりませんが……苦しいだけなんですけど、そうでもないのかなあ」

「？？？」

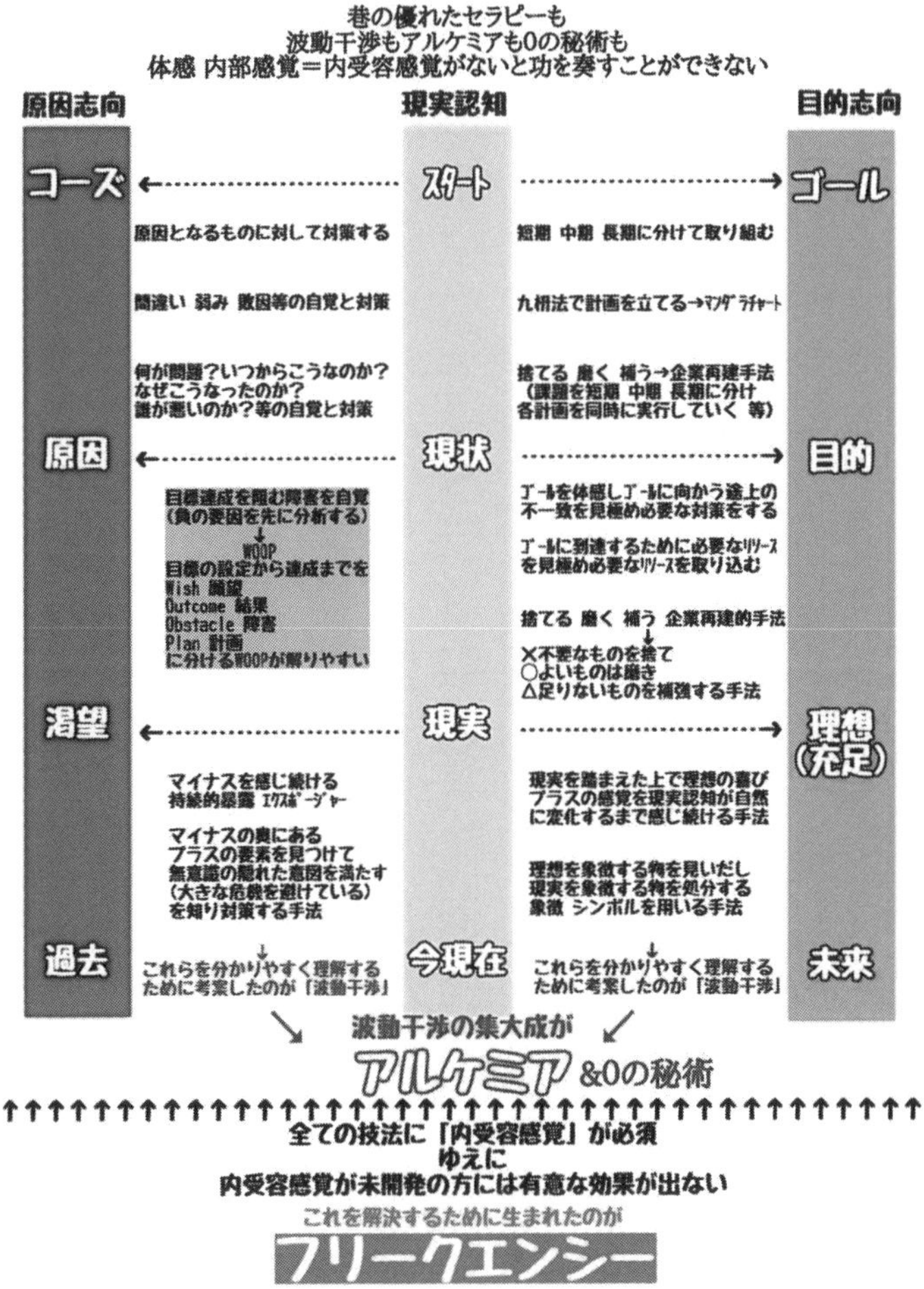

巷の優れたセラピーも
波動干渉もアルケミアも0の秘術も
体感 内部感覚＝内受容感覚がないと功を奏すことができない
原因志向
現実認知
目的志向
コーズ
スタート
ゴール
原因となるものに対して対策する
短期 中期 長期に分けて取り組む
間違い 弱み 敗因等の自覚と対策
九桁法で計画を立てる→マンダラチャート
何が問題？いつからこうなのか？
なぜこうなったのか？
誰が悪いのか？等の自覚と対策
捨てる 磨く 補う→企業再建手法
（課題を短期 中期 長期に分け
各計画を同時に実行していく 等）
原因
現状
目的
目標達成を阻む障害を自覚
（負の要因を先に分析する）
WOOP
目標の設定から達成までを
Wish 願望
Outcome 結果
Obstacle 障害
Plan 計画
に分けるWOOPが解りやすい
ゴールを体感しゴールに向かう途上の
不一致を見極め必要な対策をする
ゴールに到達するために必要なリソース
を見極め必要なリソースを取り込む
捨てる 磨く 補う 企業再建的手法
×不要なものを捨て
○よいものは磨き
△足りないものを補強する手法
渇望
現実
理想（充足）
マイナスを感じ続ける
持続的暴露 エクスポージャー
マイナスの奥にある
プラスの要素を見つけて
無意識の隠れた意図を満たす
（大きな危機を避けている）
を知り対策する手法
現実を踏まえた上で理想の喜び
プラスの感覚を現実認知が自然
に変化するまで感じ続ける手法
理想を象徴する物を見いだし
現実を象徴する物を処分する
象徴 シンボルを用いる手法
過去
今現在
未来
これらを分かりやすく理解する
ために考案したのが「波動干渉」
これらを分かりやすく理解する
ために考案したのが「波動干渉」
波動干渉の集大成が
アルケミア&0の秘術
全ての技法に「内受容感覚」が必須
ゆえに
内受容感覚が未開発の方には有意な効果が出ない
これを解決するために生まれたのが
フリークエンシー

フリークエンシーへの道…「???の方々」の協力を得て

「???の方々」は何も感じられないわけではなく、ちゃんとストレスは感じているけれど、それに意識を向けるというか、いわゆる、向きあおうとすると「シャッターが降りる感じ」「もやがかかってくる感じ」「他のことが急に気になってしまう」「急にどうでもよくなってしまう」「何も考えられなくなってしまう」みたいなことが起こったのです。

「黙って座ればピタリと当たる」とまではいかなくとも、「黙って受ければ必ず変わる」ものを開発するきっかけになり、まずは、アークで難病の方のためのフィジカル技法の応用を考えました（左図）。

意思の疎通が難しい方や、認知に問題のある方に対しても、ご本人が何もしなくても変化を出せる技法が必要だったからです。

フリークエンシー・フィジカル
FREQUENCY physical

受容器を通して、体のノイズ＝ねじれ・歪み・滞り等を取り除き、体を本来の姿に戻し、その先にある健康へと導きます。

①生命力活性　ノイズを除去‥不調、不快が劇的に軽減します
アプローチ‥筋膜、鼓膜、細胞膜等、膜組織

②免疫系活性　生命力の増大‥元の健康な状態に近づきます
アプローチ‥頭蓋骨、脊椎、脊髄、仙椎、仙骨等

③神経系活性　免疫力を高め、負けない体にしていきます
アプローチ‥脾臓、各臓器の漿膜等

④内分泌活性　神経のつながりをよくし、より強い体をつくります
アプローチ‥後頭部、脳幹部、脊椎、仙椎、手根、足根等

⑤筋骨格活性　筋骨格系に適切な振動を与え、体の質を高めます
アプローチ‥足底、頭頂、側頭、前頭等

⑥電気系活性　整体電気を活性化させ、細胞を元気にします
アプローチ‥皮膚、電膜（準静電界）

フリークエンシー・フィジカルのライセンスを取得したSKさんの体験談

どこに行っても良くならない要手術レベルの脊椎管狭窄症の方で、痛みでまともに歩けない状態でしたが、フリークエンシー・フィジカルの施術をした後、ほんとにすたすたと歩けるようになり、その方も自分もびっくり！　喜んで帰っていただきました。ほんの少しの力での劇的な効果を身をもって体験しました。長年、整体をやってきましたが、求めていた答えを見つけられた、そんな感慨でいっぱいです。ありがとうございました。

フリークエンシーへの道…40Hz《ヘルツ》の力

黙って座れば必ず変わる。

そのための体からのアプローチであるフィジカル技は「？？？の方々」にも効果があり、体のパフォーマンスが上がるのに比例して心にも余裕が出るようで、現実の認知がたやすくできるようになりましたので、次に心にダイレクトにアプローチするために、アークのメンタル技を見直しました。

元々は、武道の修行法を応用してレジリエンス（逆境力、復元力）を高めるために構成したものでしたが、これは武道であり、当然、現実の認知を前提としていたので「？？？の方々」には不向きで、この際にメンタルから武道を切り離し、裏技で使っていたナチュラル・ハイになるための技法を使うことにしました。

それは、2世紀ごろ、プトレマイオスが「回転する車輪のスポークを通して太陽を見ると幸福感をもたらす」と述べていることをベースにして創ったフリッカー（光の点滅）技法です。これは子供たちが失神してしまうポケモン事件があって以来、引っ込めていたんですが、２０１９年の4月、米科学誌『Cell』に「音と光によるγ《ガンマ》波刺激でアルツハイマー病が改善する」という論文が発表されたんですね。

発表したのは、米国マサチューセッツ工科大学のリーフエ・ツァイ（Li-Huei Tsai）博士らの研究グループ。

その論文がこちら。

「一秒間に40回の『点滅』と『音』」

https://pubmed.ncbi.nlm.nih.gov/27929004/

脳波でいうとγ波になりますが、これ、ウェーブではなく、オシレーション（振動）でなくてはいけないってことに注意してくださいね。

40Hzのウォーンって波ではなく、チカチカチカチカブツブツブツブツというオシレーション（振動）でないと効果はないのです。

このアルツハイマーの原因物質であるβ《ベータ》アミラーゼが消える、つまり脳を掃除してくれるγ波の効果と、チベット仏教の高僧の瞑想時の脳波がγ波であること、さらにはそれが統合失調症にも使えるかも、などの研究成果を受け、大脳辺縁系を刺激してストレス状態に導くアーク独自の技に40Hzをからめ、新しいメンタルのコースができました（左図）。もちろん「？？？の方々」に試してもらい効果は確認したのですが、加齢のため心身が弱るフレイルにある人とか、少し物忘れがひどくなっている方々は、急に元気になったり視界がクリアになったりなど、ものすごい効果を感じてくださり大好評で、また、アスリート系やビジネス系でモニターとして参加してくださった方々は、頭が冴える、閃きが増える、いつの間にか元気が出ているなどの即効性を評価してくださり、これも大好評を得たので、コースを、即効性を重視した戦略的で特効薬的なアスリート・ビジネス用の垂直法と、トラウマを抱えていたり繊細すぎる方用に漢方薬的に全体に穏やかに、じんわりと効いていく水平法とに分け、それらを、自分の枠を超えていく意味合いを込めて、トランススケール・セラピーと名付けて完成させました。

それを紹介させてください。

フリークエンシー・メンタル
FREQUENCY mental

赫図《かくず》という特殊な図を用いてγオシレーションを発生させ、
脳の不純物を取り除き、さらに40Hzの音と光の動画を
補助として用いて、脳の機能を上げつつ、心の力を強めます

①不安の克服　左脳の混乱の整理が他動的に生じます
不安に向き合いたくない方用の技もあります

②羞恥の克服　右脳の混乱の整理が他動的に生じます
恥等に向き合いたくない方用の技もあります

③怒りの克服　動物脳の混乱の整理が他動的に生じます
怒りに向き合いたくない方用の技もあります

④怖れの克服　爬虫類脳＝妖精脳の整理が他動的に生じます
怖れに向き合いたくない方用の技もあります

⑤残渣《ざんさ》の整理　トラウマや過去のショックな出来事を他動的に整理します
嫌なことに向き合えない方用の技もあります

⑥新機能結合　各脳の機能結合を促し、眠っている能力を発動させます
強靭性の強化⇔脆弱性の弱化を生じさせます

フリークエンシー・メンタル・レポート
～赤ちゃんのギャン泣きに悩む新米ママからの依頼～

医師の診断では体に異常もなく親の接し方にも特に問題はない、あえて診断するとしたらコロナ禍で増加傾向にあるコリックに近い状態の赤ちゃん。40Hzの光と音を、遊びの中で、例えばおもちゃの車や機関車を動かすときに使うよう指示したところ、ほどなく海老反りギャン泣きがおさまり、静かに過ごせたとのこと。ビデオ通話で寝ている赤ちゃんを視野に入れてフリークエンシーをし、あやす時のみ光と音を行うこと、やりすぎ厳禁、を強く約束して終了。その後もギャン泣きはなくなったとのことでした。

フリークエンシーへの道…コピーの力

私がドラマーを志したときには映像資料がなく、レコードを聴いては、何をしているのか?というような練習をしていました。

それをコピーする、といいますが、単に音を真似るだけでなく、聴き込んでいくことで、その演奏者の息づかいや姿勢、体の使い方まで感じることができるようになります。

もちろん、そこまでする人は少ないわけですが、世界的な指揮者であった小澤征爾《せいじ》先生が、譜面を何時間も何日も何年も読み込んでいくと作曲家の感情がわかり、それを伝えるのが指揮者のミッションだ、と仰っていることや、『字統』の白川静《しずか》先生が、石に刻まれた字をひたすらなぞっていると、字の成り立ちが感得されたと仰ったことか、私が数年間、体のメンテナンスをさせていただいていた知の巨人、吉本隆明《たかあき》先生が、私の施術を受けながら、芸術について「うまくなってしまった人は技術でなんでもできちゃうので、人間力のほとばしりがなかなか出せない。出そうと思ったら、うまさは捨てようがないので、すぐれたものに対して徹底的な模倣を繰り返して、その本質を体得するしかないんだね」と、わざわざ語ってくださったことなどを考えあわせても、「模倣」、すなわち徹底したコピーが、本質に迫る強烈な手法だとおわかりいただけるでしょう。

でもこの「模倣」、ものすごい時間がかかるのが難点で、小澤征爾先生は毎朝5時から9時までを読譜に充てられ、それを何十年も続けておられましたし、白川静先生は千回万回と仰り、吉本隆明先生は、わかるまで無期限に模倣、と仰って、なんらかの使命感がないとおいそれと手をつけられないものなんですね。

それを短縮できるのがシャーマン的な変性意識で、その究極が洞窟での開眼瞑想（複数ろうそくの揺らめき付き）なんですが、この時点では、これのエッセンスが六方集中だとはまだ気づいていなかったんですね、私。我ながら情けない。

で、それまではこの変性意識を目的としていた従来のスピリチュアルを発展させ、この変性意識を用いて、運気や気力などの内的な力をコピーするトランスクリプション・セラピーを創ったのです（左図）。

やり方の一つを紹介しておくと、自分にとって安らぎを感じられる写真を用意します。普通に見つめても、写真からはいつも通りの安らぎしか得られないでしょう。次に、その写真を上下逆さまにして眺めます。よく知っているはずなのに、ちゃんと認識できなくなりますが、それが狙いなので、混乱してください。で、写真の景色は何も変わらず、自分が写真を通して感じていた力も何も損なわれていないわけで、自分の思い入れが（認知が成立しないために）取り除かれた状態になることで「力」そのものを顕現させ、それと繋がることができるのです。

逆さまにしてますので、頭の中で元に戻そうとせず、逆さまのまま全体を眺めつつ細部も見て、それぞれの細部を見たらそれを捉えたまま全体を見てくださいね。

「逆さまの風景にすべての注意を、まんべんなく注いでくださいね！　自分がお留守になるぐらい、注意を……」

「ん？　お留守？」

この瞬間に、閃きは来たのです！

フリークエンシー・スピリチュアル

FREQUENCY spiritual

心眼を拓く 力の場と繋がり、同期(共振)→引き込み現象を用いて
その力を我が身に転写します。

① 運勢	天啓	恵運	強運等を転写する	鳳凰
② 体勢	強い生命力		エネルギーを転写する	青龍
③ 気勢	強い気の力		心力を転写する	朱雀
④ 知勢	鋭い知力		閃く力を転写する	白虎
⑤ 能勢	深い知恵		叡智を転写する	玄武
⑥ 個勢	存在感		中心感を転写する	黄龍

フリークエンシー・スピリチュアル・セッション「逆さ写真」体験談（TNさん）

沖縄で撮った海の写真を正位置で見ると解放感と懐かしさが。逆位置では「ん？」となり、知ってるのに知らない感じになりました。続けて見ていると「ずっと前からそこにあったもの、普遍的なもの」に触れた感じがして涙ぐんでしまい「本当はこうなんだ、これだったんだ！」との思いにあふれ、終えてから正位置で再び写真を見ると、自分の浅ましさ、底の浅さがわかってしまい、恥ずかしくなってしまいましたが、あの感動と感覚は忘れることができません。私が長年求めていたものが、たしかに存在している、と思えました。

フリークエンシーへの道…閃きは突然に

オベリスクのことを日本語では「方尖塔《ほうせんとう》」というらしい。

なるほど〜。ピラミッドを金字塔と呼ぶのと同じテイストか？

で、そのオベリスクが、実家の近くの墓、そこは、その地域の人しか使えない墓なのだが、そこにデーンとそびえ立っていた。

高さは5メートルくらい、でっかい字で「幽明大神」と彫り込んである。

久しぶりに実家に戻り、しつこく散歩をせがんで、一度出たら帰りたがらない犬の散歩を仰せつかり、毎日、朝に散歩に連れて出ていたのだが、昨日の朝に、
そんなものはなかった。

「この区域は、たしかあの一族の土地だったたな、神道？　それとも新興宗教にはまったのかな？」などと思いつつ、珍しく早めに帰りたがった犬を伴って帰宅、
さっそく、両親と兄に報告。

とある宗教団体で幹部を務める母が異常な関心を示したので、兄と母と犬を伴って、また墓へ。

なんでも、母の信仰している宗教では、この世とあの世の間に、字は異なるのだが「幽冥界」というものがあり、生死の境を彷徨《さまよ》う人がいくところであり、寝ているときにいる世界でもあり、人はそこで「夢」を見るのだという。そんな話を聴きながら、歩いて3分ほどの墓についたら……なんと！！！

オベリスクは跡形もなく消えていた。

というか、そもそも、それが立っていた場所は草刈り前の草ぼうぼう、雑草が生い茂っているのであった。

さて、この印象深い体験が、私の人生に影響を与えたか？　といえば、母親は特別な体験として解釈したがったようだが、まったくそんなことはなく、before after もなく、なんのきっかけにもなっていないのは私としても残念ではあるが、これでさらに思い出したことがあった。

それは、私が幼稚園児くらい、年の離れた兄と共にヒトダマを見た経験。

夜、父親のタバコが切れたので、兄と買いに出た帰り、かなり大きいヒトダマが右から左にゆらゆらと動いていく。当然、兄も私も驚いたが、もっと驚いたのは、兄が私に「網を持ってこい」と言ったことである。

「え？」

「早く行ってこい、逃げてしまう、俺が追いかけるから、網を」と言って兄はヒトダマを追いかけていく。

「網？？？？」私は仕方なく網を取りに行き、兄の向かった方に走って行くと、兄と私の目の前で、そのヒトダマはすぅっと消えていった。

さて、あれは、なんだったのか？という疑問より、私は、兄のメンタルへの驚愕の方が大きく、この兄の心の強さへのリスペクトは、その後の私の人生に大きな影響を与えた。

その兄も他界し、すでに旅立っている父母の元に行き、かの墓地で眠りについている。

オベリスク、立てちゃおうかな？

小さめのものなら墓石の横に立てられそう。

問題は、彫る文字だ。さて、なんと書きましょうか？　兄上さま。


さて、そのオベリスク。

今なら「外全内零」と彫りたいですね。

これ、最近私が体験した、驚天動地のハイパー・アハ体験というか、なんでこんなことに気づけなかったんだろう?というか、すでに知っていることが、長い間答えだと知らずにいた、嬉しさと自責が入り交じるような、複雑な感じで、たとえば、北極点というか磁極の真上にいるのに、コンパスで北を探していたような、そんな感じ。

え？　ここが磁極だったの？　はやくいってよー、みたいな。

で、これがわかったことで、急転直下、アークで目指してきたもろもろのことが一気に解決できてしまって、一人ではしゃいでる状態でうまく説明ができないので、後も、きちんと説明したいと思っているのでご容赦願いたい。

わかったぞーーー！

アークSNSフリークエンシーエッセイより

はい、閃いた直後もちゃんと説明できていません（笑）。

そのときのことは、いろんな意味の塊が同時多発的に浮かんでは消えていたので、印象しか書けないのですが、外側に起こっていることに全神経を注ぐと自分がお留守になっていること、合気術で師範が何をしているか？ではなく、自分や弟子が何をされているかがわかった瞬間に師範がしていることがわかったこと、真っ暗な中で光が乱舞したこと、忘我や夢中とお留守のこと、針に糸を通すイメージ、ある日突然、今までできなかったジャズのフレーズができるようになったこと、武道で間境《まざかい》（相手と自分の間合いの接点）がわかったときの感じと、間境が破られた瞬間に動くと相手が止まってしまうこと、アルケミアの劇的効果を体験したと仰ってくださっているヒカルランドの岡部さんと、岡部さんが編集者としてお逢いになったジャイナ教の最高聖者さまの写真、「?・?・?の方々」が外界には集中できる（強く気にする）ことができることと、それを聞き出している木下朋枝さんの映像、刺激に細胞が応答するイメージ、信号を受け取った生命が適切な質と量で反応している中に感じる意思、アークのSNSのみなさまの顔写真と、卒業していった人たちの姿、均衡が破れて渦が発生する映像、決して崩れず、他の波とぶつかってもそのまま進むソリトン波や、さほど詳しくはない数式やフーリエ変換されていく自分などなど、まるで、ノンレム睡眠のときに見ているといわれる感覚を伴わない夢というか、入眠時心象、出眠時心象みたいな感じのものが一挙に表れ消えていき、

「わかった」

という感じだけが残ったのでした。

で、何がわかったのか？ということですが、それを言葉にしたのが「外全内零」で、こうなっているときは個でなく全になっており、これを重ねると、全が個になる、みたいなことなんですが、これも、何言ってるの？と、理解不能かもしれませんので、まずは体験してみて！と思ってこの本を書いてます。

なので、試してみてね!!

波動干渉とアルケミアと0の魔法とフリークエンシー

▼嫌なものをどうにかする場合…

波動干渉の代表的なものでは

・嫌なものを感じ続けるエネルギー技法（持続的暴露）
・嫌なものと量的に釣り合う好きなものをぶつけて中和するケミカル技法（後にアルケミアに繋がる）
・嫌なものを問題にしない知り合いに「なりきって」その人の力を得て克服するモード技法
・得意なことの中で、嫌なことと同質のトラブルを見つけ、すでに克服法を知っていることで解決するクロス技法などがあります。

アルケミアでは、嫌なことがこれから先、ずっと続き、さらに嫌になっていく「最悪」と、なぜか大丈夫になって、この先、二度と悩まされることのない「最善」を割り出し、それらを同時に感じることでぶつけ合い、最悪と最善がぶつかり合うことでしか得られない力を獲得して克服します。

０の魔法では、嫌いなことにフォーカスして体の感じ（シグナル）を意識し、代表的なものとしては、シグナルに手を当てて、もう一方の手を拳《こぶし》にして小指側でとんと叩く、シグナル叩きを行うと、シグナルの質や量が勝手に変化するので、嫌度が半分以下になるまでやったら、ほぼほぼ克服でき、それをさらに半減させたら、問題として成立しなくなります。

フリークエンシーでは、セラピー中に嫌なことを思っている状態で、首六方、まばたきをした後、他者が六方集中をしますが、六方集中だけでも、嫌いな感じは克服されてしまいます。

セルフでやるときは「それを嫌、という○○さん」と自分にさん付けして、六方集中に入るだけでも変わりますし、首六方やまばたきをしておけば、もっと変われます。

波動干渉とアルケミアと０の魔法は、現実認知と打撃の自覚、打撃度の測定などが必要ですが、フリークエンシーではそれらがいらない、というのが最大の特色です。

フリークエンシー・セラピー実例と解説
スタート前のフライング！

フリークエンシーが、技法として完成してはいたものの、既存のセッションの仕上げに使うつもりでいた時に、フリークエンシーを申し込んで来た方がおられました。

セッションは7月7日。お越しになってびっくり、前著『アルケミア』に取り上げさせていただいたクライアント、通称パチンコさまではありませんか！　聞けば、アルケミアを受けてから、ずっとパチンコに勝ちつづけ、ムキにならなければ月に10万～15万円、ムキになって負けが込んでも5万～8万円ほど勝っているそうです。

相談内容は「一度でよいので、その日そのパチンコ店で一番勝った人になりたい」というもので、今とは違うセッションの形式でしたので詳細は省きますが、1回目のセッション後、すぐに達成されました（2万円で16万4000円勝った、左図）。

七夕の日に来て下さった彼は、アークにとって彦星さまだったのかも？

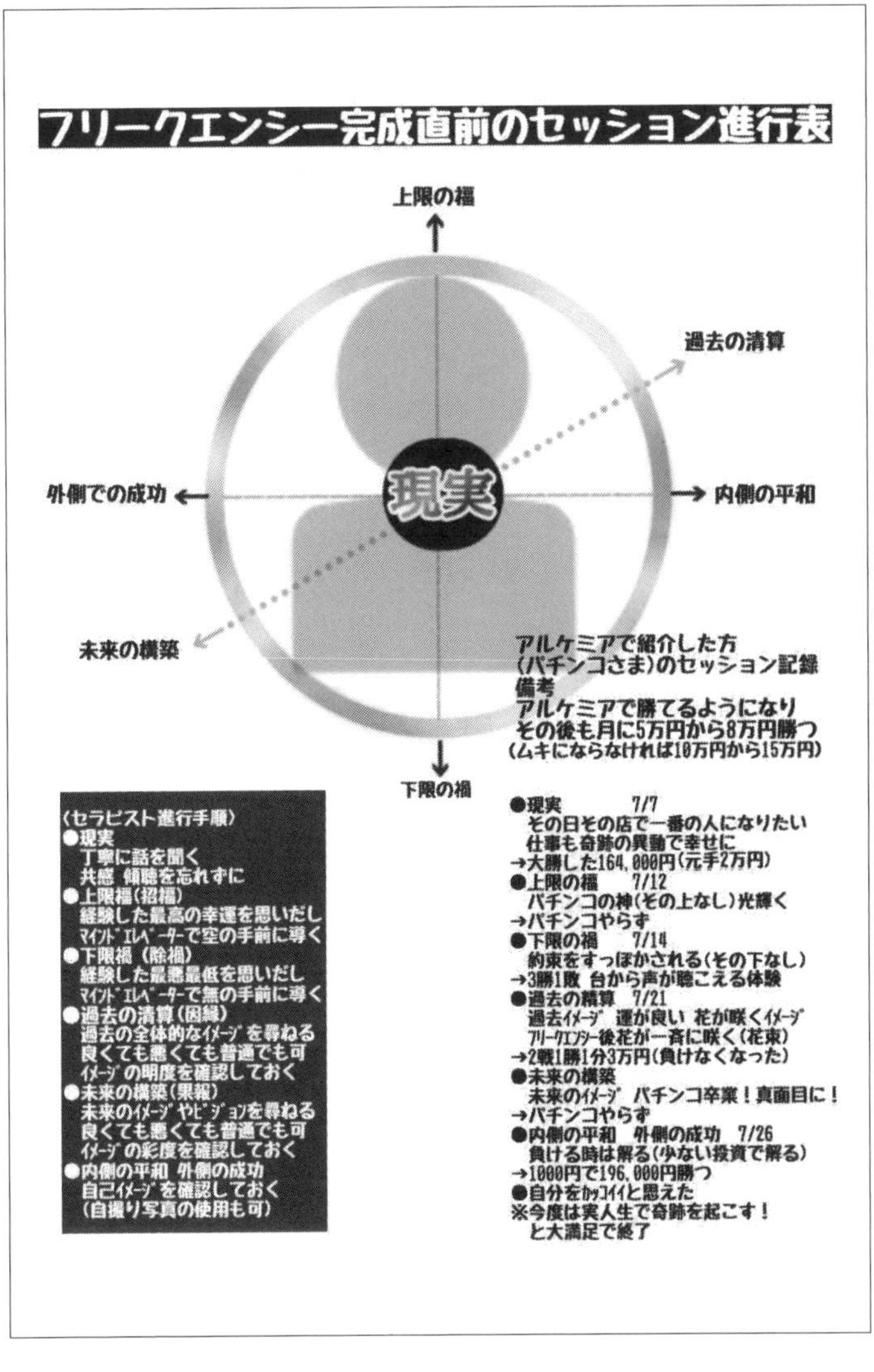
フリークエンシー完成直前のセッション進行表
上限の福
過去の清算
外側での成功
現実
内側の平和
未来の構築
下限の禍
アルケミアで紹介した方
(パチンコさま)のセッション記録
備考
アルケミアで勝てるようになり
その後も月に5万円から8万円勝つ
(ムキにならなければ10万円から15万円)
(セラピスト進行手順)
●現実
丁寧に話を聞く
共感 傾聴を忘れずに
●上限福(招福)
経験した最高の幸運を思いだし
ﾏｲﾝﾄﾞｴﾚﾍﾞｰﾀｰで空の手前に導く
●下限禍 (除禍)
経験した最悪最低を思いだし
ﾏｲﾝﾄﾞｴﾚﾍﾞｰﾀｰで無の手前に導く
●過去の清算(因縁)
過去の全体的なｲﾒｰｼﾞを尋ねる
良くても悪くても普通でも可
ｲﾒｰｼﾞの明度を確認しておく
●未来の構築(果報)
未来のｲﾒｰｼﾞやﾋﾞｼﾞｮﾝを尋ねる
良くても悪くても普通でも可
ｲﾒｰｼﾞの彩度を確認しておく
●内側の平和 外側の成功
自己ｲﾒｰｼﾞを確認しておく
(自撮り写真の使用も可)
●現実 7/7
その日その店で一番の人になりたい
仕事も奇跡の異動で幸せに
→大勝した164,000円(元手2万円)
●上限の福 7/12
パチンコの神(その上なし)光輝く
→パチンコやらず
●下限の禍 7/14
約束をすっぽかされる(その下なし)
→3勝1敗 台から声が聴こえる体験
●過去の精算 7/21
過去ｲﾒｰｼﾞ 運が良い 花が咲くｲﾒｰｼﾞ
ﾌﾘｰｸｴﾝｼｰ後花が一斉に咲く(花束)
→2戦1勝1分3万円(負けなくなった)
●未来の構築
未来のｲﾒｰｼﾞ パチンコ卒業！真面目に！
→パチンコやらず
●内側の平和 外側の成功 7/26
負ける時は解る(少ない投資で解る)
→1000円で196,000円勝つ
●自分をｶｯｺｲｲと思えた
※今度は実人生で奇跡を起こす！
と大満足で終了

黙って座れば
必ず変わる
六方集中
外全内零
除禍招福

第4章　起承転**結**&提

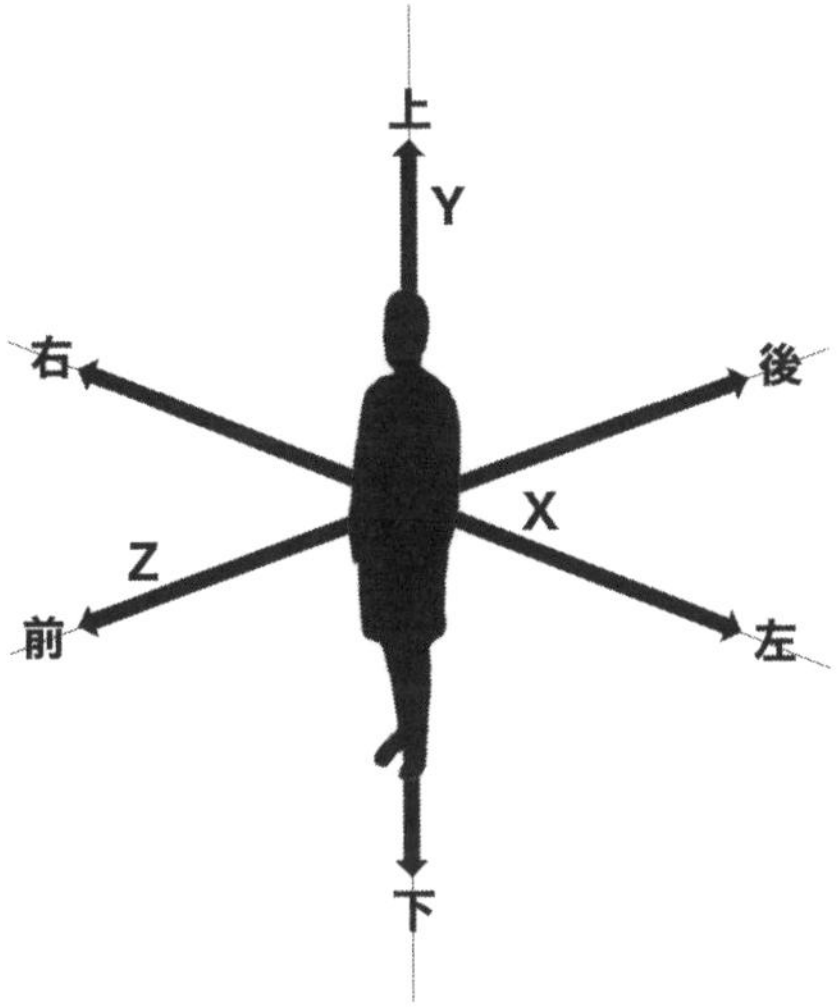

フリークエンシー・セラピー　詳細レポート

▼一つのテーマで6回フリークエンシー・セッションをやったケース　ASさん……

インダストリアル・デザイナーであるASさんは、妥協できない職人気質の男性。そのために会社とぶつかり、独立を考えるも、この年に生まれた長男と妻のことを考えると、安定が保証された会社員生活を放棄することもためらわれ悶々とした状態。どうしてよいかわからず、同じ思考がグルグルまわってしまう、とのこと。

この状況をテーマにセッションを行いました。

●セッション1回目…10月25日　火曜日

首六方ラウジングを行い、交互ウインクがお好みなのでやってもらって、（オンラインセッションだったため）画面の向こうでASさんに後ろ向きになってもらい、こちらは六方集中に入り、外全内零に。

あくびが２回出たので、ＡＳさんに再度、交互ウインクをしてもらって終了。

同じことを考えても、グルグルしないとのことなので、首六方を毎日、１回はすることと、ストレスを感じたら交互ウインクをすることと、食が細くなっているとのことなので、食前にも交互ウインクをすることを約束してセッションを終えました。

お急ぎとのことなので、次回のセッションは翌日と決定。

●セッション２回目…10月26日　水曜日

ＡＳさんいわく「昨日はよく眠れ、目覚めもよく、めったに行かない喫茶店でモーニングサービスを食べて出勤し、会社の状況は変わっていないけれど、ストレスもあまり感じず、仕事に没頭できた」とのこと。

また、会社への不満や独立の不安より期待や希望が出てきたとのこと。

で、急遽《きゅうきょ》、お昼休みに勤務先の来客室で２回目のリモートセッション。

昨日と同じことを思ってもらいながら、首六方、交互ウインクの後、後ろを向いてもらいフリークエンシー（六方集中）へ。

すぐに、あくびが2回出たので、交互ウインクをして終了。

感想をお尋ねしたところ、またさらに楽になり、いろいろなことが気にならなくなったかも、と。聞けば、この来客室もデザイン会社とは思えないセンスの悪さで、ご自身はほとんど使わなかったほどだったが、セッション後の今、腹は立たなくなっていて、「デザインをお願いされた部屋に思えてきた」とのことでした。

ということで次回のセッションは、翌日となりました。

●セッション3回目…10月27日　木曜日

開口一番、「問題は解決した」とASさん。

元々、この会社に就職したのは、結婚をするなら、相手方のご家族に不安を与えないためにも安定した職業につくべき、との、両親の強い意向で仕方なかったが、すでにその世界では評価されていたので、無試験無面接の顔パス的で入っており、どこかに「驕《おご》り」があったのかも、と。

そこはきちんと反省し、今の会社でできることをし、言うべきことは言い、同僚たちを不愉快にしない一人の同僚として当面やっていく、とのこと。で、首六方ラウジング、交互ウインクをして、後ろからフリークエンシー＝六方集中へ。

あくび2回、交互ウインクをしてから、今の気分をお尋ねすると、「接客室は、明日、会議で議題としてあげます。デザインのことでなく、この会社はお客様に何をもたらしたいのか？みたいな切り口でいきます」とスッキリしたお顔で（笑）。

「どうしましょう？　あと3回もセッション残ってるのに」と申し上げると、「何が出てくるか楽しみなので、明日もお願いします」とのことで、4回目も受けてくださることが決定！

雑談として、建築家の安藤忠雄さんの、空き地を見れば、頼まれもしないのに絵を描いて設計してて、それが一番の栄養になってる、みたいな、そういう主旨の下積み時代のことをお話しして終了。

さっそく本を購入し、読んでみた、との報告をすぐにいただきました。

タイトルは、『連戦連敗』（笑）。東京大学出版会の本、とのことです。

●セッション4回目…10月28日　金曜日

セルフでの首六方は、可動域が広がったり、コリがとれて気持ちよいので疲れたら行い、交互ウインクは、食事前と、ストレスを感じてると思ったら実行。

ウインクは、実際にしなくても、してるつもりでまぶたをほんの少し動かすだけでも効果があるのを発見し、とても面白いとのこと。

安藤忠雄さんの話を聞いた影響で、会社だけでなく、いろんなものの「デザインをもし頼まれたら」と思ってしまう、と仰ったので、銀山温泉や草津の湯畑の話などの景観デザインの話で盛り上がった後、首六方ラウジング、交互ウインクをしてもらい、六方集中へ。

わりとすぐにあくびが2回出たので、交互ウインクをしてもらってから、「今は、仕事や独立のことを思うと、どんな感じですか?」とお尋ねしたところ、「デザインを仕事にできていて、幸せ」とのこと。

さらに、「覚えてないんですけど、夢、いっぱい見てるんですよ。あと、夢の内容というか傾向も違ってきてる感じ。それから、一晩寝ると、何かが変わってる気がす

るんですよ、なんだかわからないんですが」と仰ったので、

「まさに、そのとおり！　夢見も変わりますし、何かが変わるのですが、おおむね、何かがストップして、次に明確な変化というかチェンジがあって、何かがスタートする、って順になってると、アークでは言ってるんですね。フリークエンシーの前にメインでやっていたアルケミアってセラピーでは、ストップ・チェンジ・スタートとセッションを3段階に分けてやっていたんですが、なんかストップしたこと、ないですか？」と申し上げると、

「あっ、嫁と同僚に、溜め息つかなくなったといわれました！　えーと、今日は４回目ですよね、ストップもチェンジの一つだと思いますが、他に何かチェンジしてるんですかね？　今はわからないけど、あ、でも、溜め息しなくなったのも自覚なかったしなぁ、いやー、面白いですねー」とご機嫌な感じでセッション終了。

　私から見ても、表情も明るく、そして豊かになられ、さらに声の張り、大きさが全然ちがって見えたので、かなりの変化が生じているように見え、嬉しく思いました。

で、また明日に、とご予約をいただきました。

●セッション5回目…10月29日　土曜日

本日は土曜日で会社は休み。家でゆっくりするつもりだったけれど、気分が変わり、急遽、ティールという組織論の勉強会に行かれた、とのこと。

これは興味があったわけでなく、仕事仲間の誘いで、行けたら行くと答えていたくらい気もすすまなかったのが、なぜか急に組織論に心が動き、参加されたそう。

私（安田）はティールのことをまったく知らなかったので教えてもらうことになりましたが、ティール（teal）とは緑と青の中間の色、ターコイズ・ブルーやアクア・ブルーに近い色のことで、最も進化した組織を象徴する色としている、とのこと。なぜ色で表すのか？　その必要はあるのか？など、聞けば聞くほどわからなくなってしまいましたが深追いはせず、後で調べることにして、とりあえずは「自律分散型組織論」という仮の理解をしてお話をすすめたところ。

なんと！　その勉強会に、勤め先の会社の社長が偶然来ていて、ついでに話も盛り上がってしまった、とのことでした。

社長さんも社長さんなりに、デザイナーの個性ややり方を尊重でき、それでいて会社としてのまとまりがあればなぁと思っていたとのことで、それを聞いたＡＳさんは、会社＝社長へのわだかまりが雲散霧消した、とのことでした。

「なんだか不思議ですねぇ、できすぎた偶然」と感嘆しきり。

「ふと気が変わり、行ってみようと思ったのはチェンジですよね。以前なら人の集まるところは苦手なので行かなかったと思う」と仰ったところで、セッションに。

首六方、交互ウインクで、後方から六方集中。

あくびはすぐに出て、再度、交互ウインクをしてもらって終了。

特に問題もなく、わだかまりも消えて、ごきげんさん状態でこのセッションを受けてもらったわけで、彼はもっとごきげんになるはず、と、予想していたらしいのですが、急激な眠気に襲われたので、次回６回目のことは、週明けの月曜日に会社に行って社長の顔を見てから、となりました。

彼の身におきたタイムリーな偶然が何をもたらすか楽しみです。

ちなみに、ティールとは、やはり自律分散型の組織論とほぼ同義語のように使われている言葉、とのことでした。

●セッション6回目…10月30日　日曜日

セッションの予約は月曜だったのですが、社長さんからASさんに連絡があって、会社をティール組織論のモデルになるようなものにしたいので、手伝ってくれないか？との話になり、ASさんが最初に相談したことはすべて解消された、との報告をいただきました。

それでも、面白いのでフラットな状態でフリークエンシーを受けてみたい、と仰ってくださったので、首六方ラウジングから交互まばたきをして、六方集中。

2回のあくびを待って、交互まばたきをしてもらって終了。

感想は、ほんのりとハイになってるのがわかる、とのこと。あと、生まれて間もないご長男の疳《かん》が強く、親が嫌がってはいけないとの思いから、かなりの負担になっていたのも自覚できたとのこと。

「私も妻も、ギャン泣きする子だったらしいので、似たんですね。さらに、×2ですもんね。そりゃやすごいわけだ」と、最後はご夫婦で挨拶してもらい、全6回を終了しました。

たまたま、このセッションは流れで毎日やることになりましたが、一晩、寝てくださりさえすれば、連続で受けていただいてもかまいません。

脳が情報の整理をしたり、新たな機能の結合をしたりするには睡眠が必須ですが、不眠症の方や、あまり眠れない方は、少し目を閉じて、ぼーっとする時間をつくり、脳をデフォルト・モード・ネットワークにする「非集中型瞑想」（１３０、１３１ページ）をするとよいでしょう。

デフォルト・モード・ネットワーク・メディテーション。

名付けて、ラビリンス（迷宮）。

雑念だらけ、ぐるぐるまわってオーケーのいつでもできる瞑想。

集中さえしなければ、いつのまにか、迷宮を抜け出してしまう、便利なアイテム。

どこでもできるので、お試しを！

デフォルト・モード・ネット・ワーク・メディテーション

LABYRINTH

非集中型瞑想

寝る前　布団の中で目を閉じ　ただ　ぼんやりする
浮かんでくる雑念　映像　音声　思考などを
ただチェックしていく

道を通過する人を確認する要領で
男性一人通過　女性と子供が通過　みたいな感じに

そのまま
眠ってしまってもかまわない
慣れたらいつやってもかまわない
目を閉じたらいつでも出来る瞑想

過去　現在　未来が統合され
創造力が爆発的に増す

デフォルト・モード・ネットワーク・メディテーション　パート2

EIGENGRAU

アイゲングラウ

非集中型瞑想

浮かんでくるイメージが辛い人は
眼を閉じてまぶたの裏を見ながら
光る色や　時折チカっと光る
眼内閃光を見る瞑想をするとよい
まぶたの裏が
にわかに明るく感じられるまでやるとよいが
色や閃光をみているだけで効果はある

続 フリークエンシー・セラピー 最新レポート

▼NMさん 全6回

テーマを絞らず、今、悩んでることを次々に処理する、というフリークエンシー・セラピーの事例を紹介します。最近の案件なのですが、事件性を配慮して日付は割愛しました。

●セッション…1回目

仕事先で重大なミス（詳細が書けない重大なミス）で進退問題になってしまったとのこと。呼び出しがあるか、なければ、次の出勤まで間が開くので、まな板の鯉状態で気が気でない、とのこと。

パニックになりビクビクしてらっしゃるので、首六方は省略し、かつ、極度の緊張でまばたきはすでに速く、回数も増えているため、高速まばたきは意味をなさないので、交互ウインクを採用し、後ろ向きになってもらい六方集中＝フリークエンシーへ。

結果…

感想を尋ねるまでもなく、かなり落ち着かれ、ビクビクしなくなっておられましたので、「ミスをきちんと詫びて、事情説明はすべきですが、言い訳に終始しないように、時系列で事実を述べた上で、失態のお詫びをしてください」と強くお伝えし、終了しました。

●セッション…２回目

事が重大なのと、御本人の現実と向きあいたくないお気持ちが強いようで、同期の目安となるあくびがなかなか出ず、２分ぐらい経ったところで２回目のあくびが出たので、交互ウインクをしてもらって終了しました。

標準訓練でも説明しましたが、六方集中に入って２回のあくびが出るのを目安にするのは、実際のセラピーでも同じです。

クライアントさまの悩みの深さによって、あくびの回数を増やすことも実際の現場ではありますが、通常は2回と決めていますので皆さまも2回でやって下さいませ。
その翌日。お電話にて「別の不安が出てきた」とのことでしたが、急な話で、私に時間がなかったので、私の隙間時間にフリークエンシーのみ行いました。〝別の不安〟の内容については、ミスの詳細に触れなくてはなりませんのでご容赦ください。

結果…

結果は、良好。NMさんの心が安定したとのこと。

●セッション…3回目

「まだ職場に進退伺いを含めた連絡をしていなかった」とのことで、NMさんの出勤前日に、朝イチのフリークエンシー。あくびが出にくいものの、前回より早く終了できました。

結果…

職場にちゃんと電話できたとのこと。長である責任者は、謝罪を受け入れてくださり、出勤してみないとどうなるかはわからないものの、ひとまずセーフとのこと。

●セッション…4回目

ＮＭさんが出勤してみると、注意は受けたものの処分はなく、仕事は続けられることになり、セッション当初の目的は達せられました。が、仕事先での処分がなく心が安定してきたら、今度は、自分が担当しなくてはならない普段からよく怒鳴る人がおっかなくてしようがないとのことなので、またしても急遽、勤務の休憩中にリモートでのセッションを行うことに。時間がないので、後ろからの六方集中のみを行い、後ほど感想を連絡してもらう約束をして終了しました。

結果…

フリークエンシーを受けた後、不要な緊張はなくなった気がしてはいたが、怒鳴られるのを覚悟してお会いしたら、なんと、珍しく上機嫌で、怒鳴られるどころか、身の上話をしてくださり、あっけにとられたとのこと。

セッションを申し込まれた時には口に出さなかったものの、よい意味で、うやむやというか、なかったことになったらいいなあ、と思ってました、と告白されましたが、それを上まわる結果に安堵しておられるようでした。

●セッション…5回目

またミスをするのではないか？との思いがでてきたので、急遽、フリークエンシーをすることに。

結果…

「ありがとうございます！　いつも時間に追われてキリキリするのですが、今朝は心に余裕を持てました（信じられません）。自分でも安定感があるな～と思えました。ご尽力に心よりお礼申し上げます」とのこと。

ここで、首六方と交互ウインクの重要性をお伝えして、6回目を打診したところ、これはもう十分で、後日、悩みを絞って、改めて相談するとのことで、5回でこの緊急案件を終了しました。

＊

このように、ひとつのテーマを6回やるのではなく、ひとつのテーマから、次々に新たなテーマがでてくるのを追いかけて処理していく使い方もできます。

みなさんは好きに使ってくださいね。

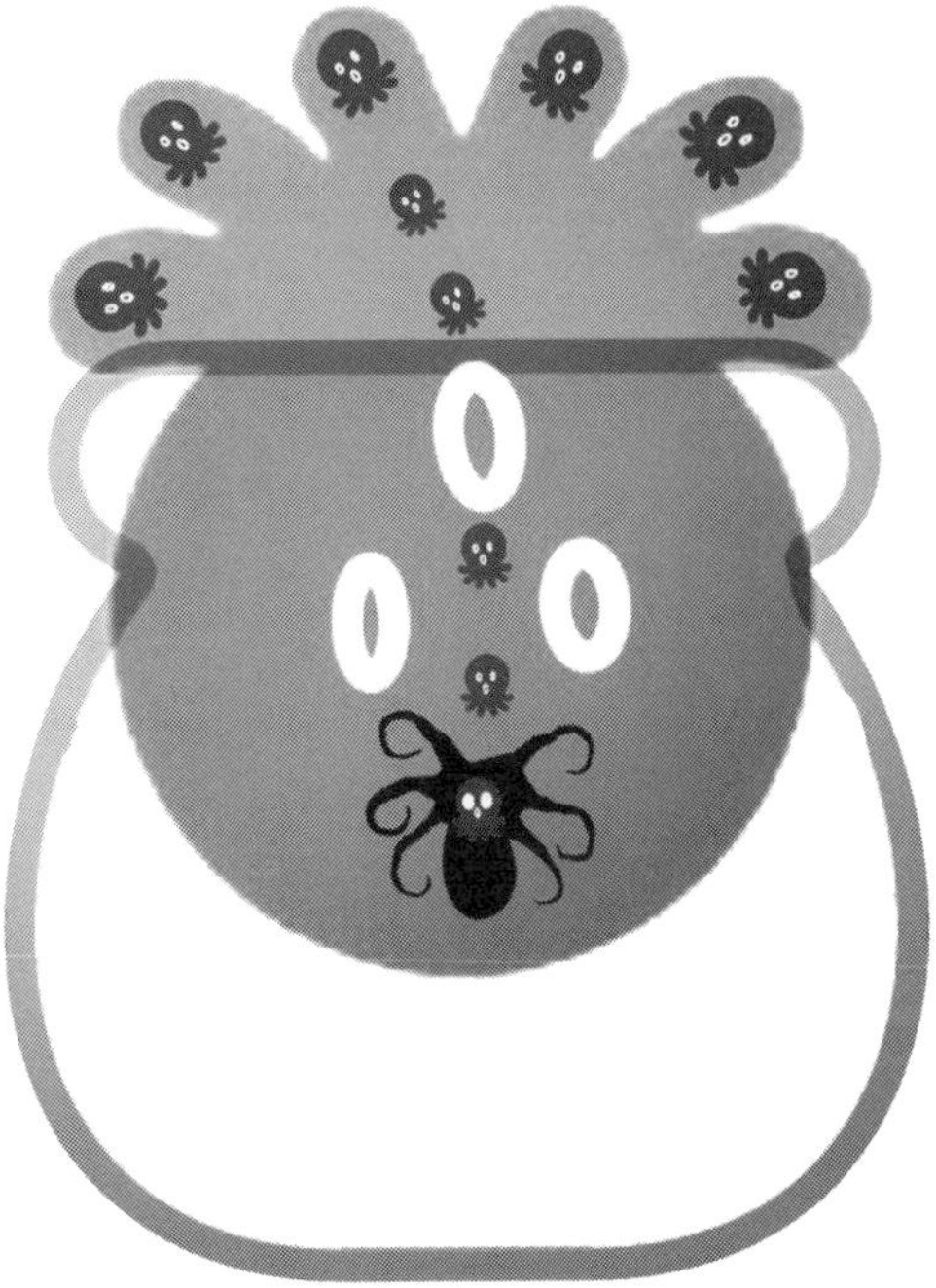

ひとつのテーマを掘り下げても
その都度の問題を拾っていっても
問題の大本・本質に行きあたる

壺＝自分　大蛸＝問題の大本　蛸＝部分噴出した問題

蛸の足は切ってもまた生えてきて
本数が増えることもあります

動物さんに対するフリークエンシーレポート

動物には、相談も首六方もまばたきもしてもらえないので、当然のことながら、フリークエンシー・オリジンのみ、つまり六方集中のみのアプローチとなります。

▼野良猫さんの不調にフリークエンシー　ＫＯさんのレポート・・・・・・・・・・・・・・・・

旅館に住みついているにゃんこ。旅館の従業員の有志で世話をしているが、快く思わない人もいる。外傷は見当たらず、動くのが辛そうでよく見ると右目が開きにくい様子。チュール（猫用おやつ）はなめてくれるものの心配がつのる。仕事があり病院には連れていけないので、今できることがあれば、と、リモートでの依頼。猫を映してもらいながら、六方集中し、あくび2回を待って終了。

ＫＯさんは夜勤のお仕事に。

結果…

「先ほど仕事から帰ってきたら、またいないので、寮の裏を探していたら、隣の家のひさしから降りてきました。

昨日とは見違えるように元気になりました！

今わたしの足を枕に寝ております！

引き続き、嫌がらなければ目の洗浄をしてあげたいと思います。

今日の写真です！（141ページ）

寝ていても昨日は苦しそうな感じでしたが、今日はすやすや気持ちよさそうに寝ています！　ありがとうございました！」

で、目の状態がよくならなかったら医者に診てもらうことの約束もしました。

さらに翌日にいただいた報告がこれ。

「今日のにゃんは、わたしがハウスのところに行くと、どこからか現れて、寄ってきてくれました。エサをあげたり撫でたりしているうちに、自分で寝床にあがりすやすや眠ってしまいました！　そのとき、写真を撮らせてもらおうとしたのですが、顔を動かしてしまうので、短い動画を撮らせていただきました！」と、動画もいただきました。

写真でも動画でも、ＫＯさんがミッションを見事にやり遂げたようで、無事に目は開いていたので、この案件は完結としました。

ＫＯさんは、この他にも、子猫が迷いこんできたときにも保護をし、この子猫が他の猫との折り合いが悪かったときにも相談してくださったのですが、そのときは、タイムリーに知り合えた保護猫活動をしている方に引き取ってもらったりして、野良ちゃんのために頑張ってくださったんですね。

寮では動物を飼えない規則なので、手製の小屋？をつくったりなさってました。

ＫＯさん、やさしいお気持ち、ありがとー！

追記…

転職が決まったＫＯさんは、新しい職場のはからいで、動物ＯＫの物件に入ることができるとのことで、この猫さんを連れて、引っ越すことになりました。

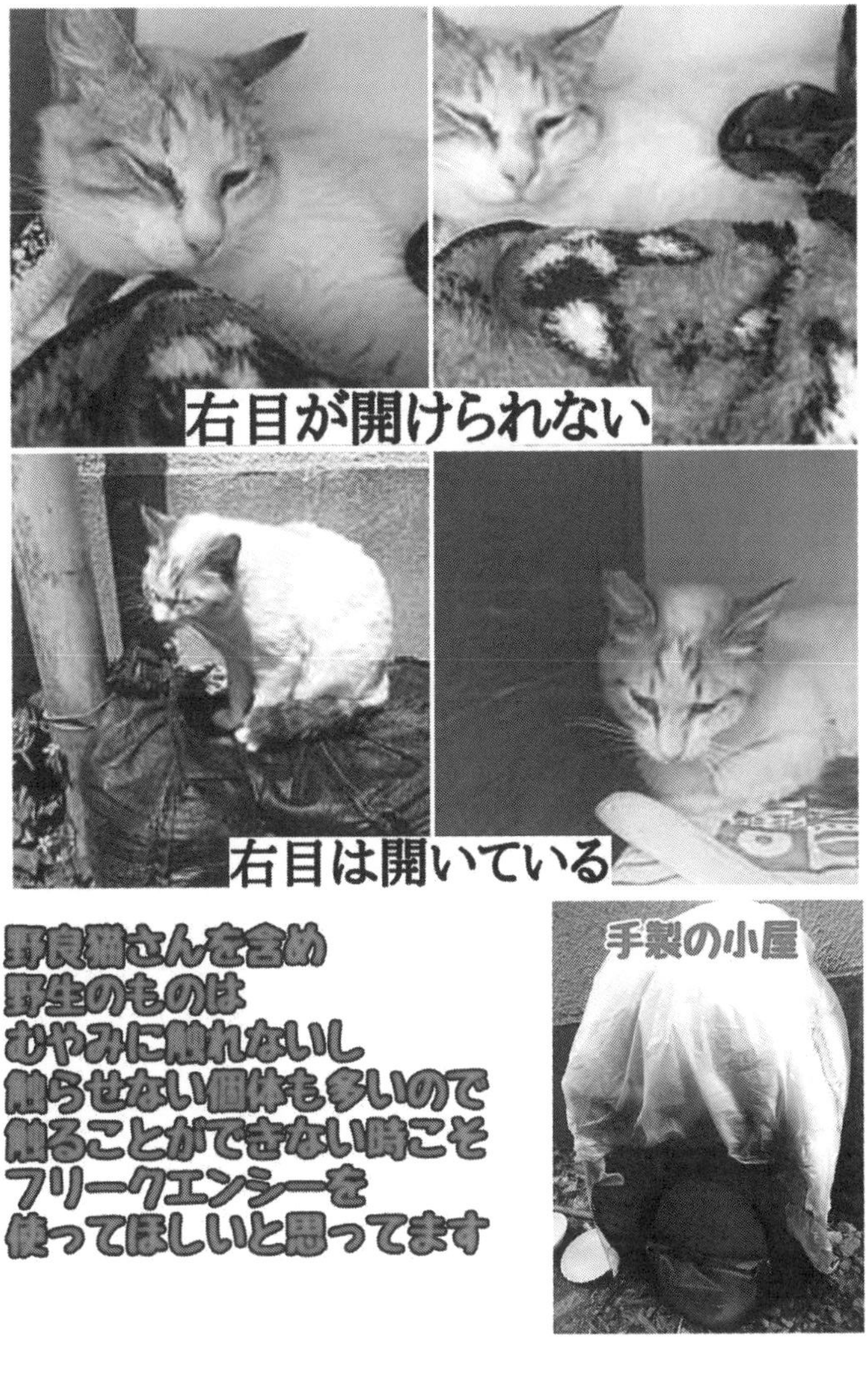
右目が開けられない
右目は開いている
野良猫さんを含め
野生のものは
むやみに触れないし
触らせない個体も多いので
触ることができない時こそ
フリークエンシーを
使ってほしいと思ってます
手製の小屋

家族や友人のためのフリークエンシーレポート

基本的にはフリークエンシー・オリジン、つまり、六方集中による外全内零状態になる「祈りとしてのフリークエンシー」を主に使った例をあげていきます。

例の中には0化《ゼロ》という言葉がでてくるものがありますが、これはフリークエンシーという言葉ができる以前のケースで外全を用いずに、さまざまな技法で「内零」になる技のことを指しており、この例の中では0の秘術（魔術）に属する、口を大きくあけてあくびを待つ「パナシア」を用いています。

ちなみに、パナシアとは、癒しを司るギリシア神話の女神パナケイアのことで、「すべてを癒す」存在にあやかってお名前を拝借したものですが、その名前に恥じない効果を持つ強力な技法でしたが、先にも述べた通り、現状や現実を認知した時に、体に打撃を感じられない人には、功を奏することができませんでした。内受容感覚が正常に働いている人には劇的な効果があるので、機会があればぜひ使ってみて下さい。

▼あちこち痛い友人を助けるTさんのレポート・・・・・・・・・・・・・・・・・

年中あちらが痛いこちらが痛いと大騒ぎしてる友人に、こっそりフリークエンシー。

結果…

坐骨神経痛の痛み　　消滅　　痛みレベル：10↓0
頭痛　顎関節の痛み　　軽減　　痛みレベル：10↓2
火傷の痛み（手）　　軽減　　痛みレベル：10↓1

びっくり！

印象的なのは、痛みがなくなると、私たちの間に会話というか、話題もなくなることで、なんとなく気まずい時間を過ごすことになってしまいました（笑）。フリークエンシー、すごいです。

追記…

その姉が寝違い。

たまたま会ったので、大変ねぇ、といいながら、こっそりフリークエンシー。

寝違いだけでなく、言ってくれてなかった顎の痛みも軽減10↓1に！

▼股関節痛の友人を癒すTさんのレポート・・・・・・・・・・・・・・・・・・・・・・・・

要手術の股関節痛があり歩行困難の友人にフリークエンシーをしました。

結果…

痛み消失。通常歩行が可能に。（完治サポートのためにフリークエンシー・フィジカル・セラピー［99ページ］をおすすめ）

▼免許更新を忘れていた友人に試したアーク研究生のレポート・・・・・・・・・・・・・・・

免許更新をすっかり忘れていて、眼鏡が間に合わないとあたふたしていた友人に、更新日当日、フリークエンシーを試してみました。

結果…

視力0・3だったのが、気合いもあったのか、運転免許検査時は0・7に。ギリギリセーフ。視力は2日後には戻ってしまいましたが、こんなこともあるんだな、とびっくりしました。

▼新型コロナ陽性の家族を助けるNさんのレポート・・・・・・・・・・・・・・・・・・・

主人が血管系の病気で入院することになったのですが、入院前のＰＣＲ検査で陽性が判明。家族も順番に熱が出てダウンしてしまいました。なかでも１歳８ヶ月の孫の体温40度超えが４日も続いたので、アークにセッションを依頼。

結果…

すぐに引き受けていただき、リモートでフリークエンシーを受けたところ、急に大量の汗をかき始め、スーッと熱が下がり、孫が、そうめんを３杯もお代わりしたので、皆でびっくりしました。

病院からは解熱剤をもらっているだけで、何か他に原因があるのかもわからず、不安だったので、本当に助かりました。

※Ｎさんの家業は病院であり、医師の指示を守った上でのフリークエンシー施術ですので、皆さまもきちんと医師の診断、指示を守った上でやってください。

▼嫉妬《しっと》に苦しむ友人を癒すYさんのレポート・・・・・・・・・・・・・・・・・・・

「嫉妬なんかしたくないのに、いつも胸のあたりにドロドロのねばつくような感じがあって、いやになる」という悩みを持つ友人の話を聴きながら、こっそり、六方集中をしてみました。

結果・・・

本人もドロドロを持っているのがわかってるので、なんとかなったらいいな、と思いながら、フリークエンシーをしつつ、話を聴いていました。

しばらくすると、友人が「あれ？　ドロドロがない！　話を聴いてくれたからかな？　でも、あちこちでこの話してるんだけど、話すとき、もっとドロドロしてたのに……」と。

「今はどんな感じなの？」と尋ねると、「メンソールを胸の中に塗ったみたいに、スースーしてる」とのこと。

しかも、口にまでメンソールの味がしてるって！

その後、嫉妬がなくなったせいか、彼とはうまくいったそうです。

▼痛風の痛みに苦しむ友人を助けるYさんのレポート・・・・・・・・・・・・・・・・

痛風で左手首に痛みと右足首にギプスで固めたような違和感がある友人に、ちゃんと話してフリークエンシーをさせてもらったところ、痛みがなくなってしまいました。

しかもあっという間にです!!

「右足首は固まって動きが非常に悪かったのですが、やっていただいた後では反対の足よりも逆に動きがよくなりました！」と言っていました。

本当に魔法のようでした！！！

▼高齢の祖母の偽痛風からの坐骨神経痛を癒すIさんのレポート・・・・・・・・・・・・

私の祖母が痛み止めの注射もほとんど効かず、ずっと痛そう（じっとしているのが辛そう）なので、痛みについて聴きながらフリークエンシーを試したところ……。

結果…

「あれ?」と、痛かった場所がわからなくなったと言っていました。まだ痛みはあるそうですが。

ちなみに、祖母は以前、がんの診断を受け、手術日が迫る中でアークのお世話になったのですが、なんと手術前日にはがんが縮小し（4分の1）、開腹手術でなく、内視鏡の手術になりがんから生還した経験があるので、積極的に受けてくれました。

追加報告…

再度やってみたところ、痛みはフリークエンシー後に10↓2になって驚きました。

祖母は、痛みが減り、寝返りが打てるようになったためよく眠れたそうですが、翌日は痛みがぶり返してしまったので、アークの助けを借りて、僕が祖母のフリークエンシーをするときに、安田先生がリモートで僕の後ろからフリークエンシーをしていただく方法（！！！）をしました。

祖母↑僕↑↑↑↑安田先生

追加報告の結果…

痛みが8↓2か3、くらいまで下がりました。

それと是非お伝えしたいことがあって、それは安田先生にリモートでフリークエンシーをしていただいたときの六方集中が全然違ったことです！　集中できる範囲、特に後ろへの集中がビンビンに冴えわたり、どこまでも澄みわたる感じがありました！　サラッと書いてますが、ど素人の僕が、注射が効かない痛みを軽減させることができてしまったので……とんでもないことを教えていただいているとあらためて思いました……！

▼試験に臨む長男を応援したXさんのレポート……………………

就職活動で一番忙しい時期に怪我をして歩けなくなり、就活できず、試験を受けたものの不合格した息子への心配を０化しようとパナシアしていると……。

結果…

急速に落ち込みから立ち直り、どうせ落ちるなら、一番上を目指そうと一念発起、度胸試しに受けた試験に受かり、本当に憧れていた職業につけた。

▼好きな人ができた長男を密かに応援　Nさんのレポート……………………

好きな人ができて、思い悩む長男への心配を、0にしようと大きく口を開けていると、あまり心配ができなくなった。

結果…

それからほどなく、名門のお嬢様を連れてきて、婚約、結婚へ。

補足…

長男が「好き人ができた」と私に相談してきてくれたのが嬉しかった。しかし何をしてあげてよいのかわからなかったので、アークに相談。

「好きな人のために、自分の核をしっかりつくりましょう。そのために『自分は～ではない＝自分は決して～な人間、男ではない』と言えるものを見いだしましょう」とのアドバイスをいただいたので、それを長男にそのまま伝えたら、ちゃんとやり遂げたようで、親から見ても急に頼もしくなってきたな、と思えるようになってほどなく、そのお嬢様との交際がトントン拍子に進展し、婚約、結婚となった。

※なぜ息子を選んでくれたのか、未だに謎、とのことです。

※私から見れば、選ばれて当然と思えたのですが。とにかく、よかったです!!

▼母親の骨粗鬆症《こつそしょうしょう》の痛みを癒した研究生のレポート・・・・・・・・・・・・・・・・・・・・

骨粗鬆症で、腰の骨がもろく、痛みで歩けなかった母にフリークエンシーをしようとしたのですが、心配のしすぎで内零になれないので、アークにアドバイスを求めたところ「リモートでアークに繋がってる状態で、お母さんにフリークエンシーをするように」との指示をいただきました。

結果・・・

私が母親の後ろからフリークエンシーをしているさらに後ろから、安田先生がフリークエンシーをしてくださったところ、なぜか痛みがなくなってしまい、普通に歩けるようになりました（ありえません！）。

▼野良猫さんを再び助けるＫＯさんのレポート・・・・・・・・・・・・・・・・・・・・

以前、目のことでアークに相談させてもらった外猫が、またぐったりして何も食べられず、寝てばかりになってしまいました。私がフリークエンシーをさせていただいたところ、猫はかろうじて寝返りできましたが、またそのままの姿勢で寝てしまいました。様子がおかしいので、アークに相談させてもらって、リモートでフリークエンシーをしてもらいました。

結果…

寝ている姿にみるみる生気が感じられて、ほっといたしましたが、安田先生が、脱水症状が出ているので病院に連れていってあげてください、と仰るので、日曜日でも診療している病院を見つけて行ったところ、やはり、脱水しているとのことで、いろんな検査をしてから点滴となりました。

猫エイズと白血病は陰性。脱水以外は、野良にしては健康とのことで安心しましたが、体温が下がりすぎているので入院して、ごはんが食べられるようになったら退院という運びになり、カルテに名前を書く都合で、名前を「りょうこちゃん」にしました。

りょうこちゃんは、名前と、首輪をつけてもらって、従業員に愛されて今も元気でくらしています。

ちょっと太りました（笑）。

▼愛犬のトラブルにフリークエンシー　Aさんのレポート……………

犬の「かいちゃん」が散歩中に側溝のフタの穴に前脚が入って、肩を脱臼してしまった模様。かかりつけの獣医さんが休みで、脱臼を戻すために全身麻酔になるかもしれなくて、安田先生にフリークエンシーを依頼しました。

結果…

安田先生がリモートでフリークエンシー。

ハアハアいってるのが治まって、横になって眠たそうに！

翌日、獣医さんに診てもらったら、強くひねったのかも知れないけど、炎症もないようだし、大丈夫とのことで、終わりました！

▼この他にも……………………………

・下痢が治らずガリガリだったまるちゃん

・同じ地域にあとからきた、やはり下痢の治らなかった、ぶれいくん

・飼い猫さんで、猫伝染性腹膜炎から奇跡の生還を遂げた美猫さんがいますが、名前は秘密にゃ

●りょうこちゃん

●まるちゃん

名前は秘密にゃ

●ぶれいくん

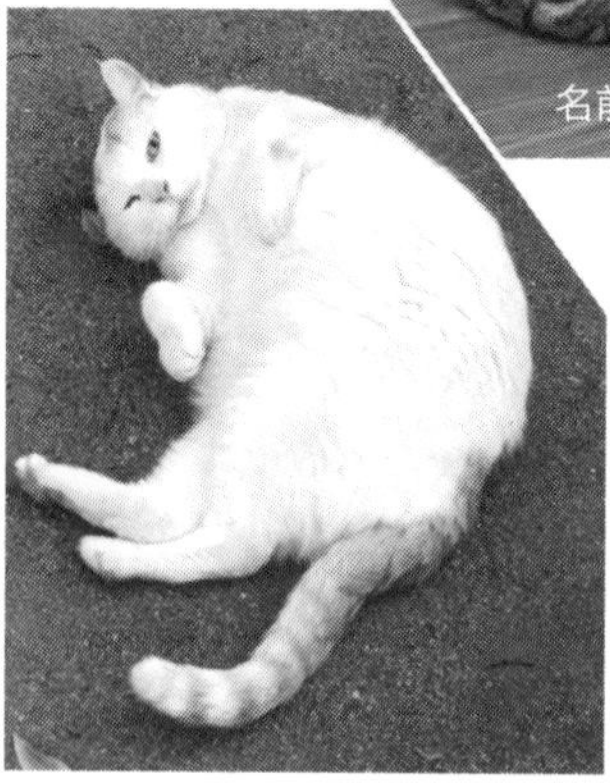

●かいちゃん

自分のためのフリークエンシー

セルフでのフリークエンシーは、「〜という○○さん」と自分の名前を付けることで、「自分の問題からあえて離れる、あえて乖離する」ことを付け加えてやります。

この処置を付けないと、問題や悩みがもたらすモヤモヤや、重さ、苦しさなど、内側にあるものが邪魔となり「外全」にも「内零」にもなれないからです。

六方集中の特徴は、「外全」による「内零」なので、自分のことを他者のようにみることが大切になります。

それでも自分を客観的に扱えないときは、セルフ・フリークエンシーをやる直前に、自撮り写真を撮り、それをみながらやってください。

以降にセルフ・フリークエンシーの体験レポートを紹介します。

レポートの中には手順を書いてない方もいますが、全員、手順を守ってやっています。

セルフ・フリークエンシー　やり方

・「～という○○さん（自分のフルネーム）」と呟いてから
・高速まばたきか、交互ウインクをして
・六方集中をする
・2回のあくびをまって
・高速まばたき、交互まばたき
という手順で行う

※高速まばたきも、交互ウインクも大きく目を見開いてからやるようにすると、効果が増します。

セルフ・フリークエンシーレポート

▼生理痛と嘔吐《おうと》　ＴＹさんのレポート・・・・・・・・・・・・・・・・・・・・・・・・・・

激しい痛みと嘔吐。セルフもできない状態で、翌日は絶対出社しないといけない日だったので、アークに助けを求め、リモートでしていただいた後、こんこんと寝てしまったのですが、起きたら痛みも吐き気も０になっていて無事出社できた、という体験を機に、ちゃんとセルフを練習しました。

あらかじめ、「痛み止めも効かず、子宮をすり潰されているような違和感と吐き気に、どこが中心か定まらない感じ、というＴＹさん」という言葉を用意しておいたのですが、それ以来、そこまで激しい生理痛はなくなり、よい意味で戸惑っています。

セルフ、他のことで練習します！

▼３日続いた頭痛にセルフのフリークエンシーをしたレポート・・・・・・・・・・・・・・・・・

仕事の関係ですぐに病院にいけないので、セルフ・フリークエンシーをしたところ、10の痛みが0・5くらいになり、目がぱっと開いた感じで、重石がとれたみたいになりました。

補記…この後さらに頭が軽くなって0・5の頭痛も消えました！　うっとうしさも一緒にどこかにいきました！　ありがとうございました！

※このときは、フィジカル由来のタオル技も併用しています。

★おまけのタオル技

頭にタオルで鉢巻きをして、両手で軽く押さえ、手をつけたまま、スライドなどせずに、動く範囲だけで反時計回りにまわす。このとき動くのはほんの数ミリ。

直に手でやると余計な力がかかり、害はないけど効果もない。

※タオル技の体験　Yさん（まばたき技のレポートをくださった方です）

私も頭痛が瞬時に治りました。

あまりにすぐ効果があったので、ビックリしてひっくり返りそうでした。

その後も時々タオル技をやっていますが頭痛に悩むことはなくなりました。

▼試験への不安にセルフ・フリークエンシー　Mさんのレポート・・・・・・・・・・・・

10日後に試験を受けるのに時間が全然足りていなくて、焦っていました。

それをテーマに、まずはセッションでフリークエンシーをしてもらったところ、最低限のことが一通りできるかも怪しいような「あれもしなきゃ、これもしなきゃ、あー絶対間に合わない」という状態で、たくさんのことが頭に引っかかり心ここに在らずだったのですが、ふっとそれが楽になり、すっきりと落ち着きました。

帰宅後、さらにセルフ・フリークエンシーをしてから問題集を解いていると、いつもより調子が良くてびっくりしました！

セルフでは試験を前に「焦るばかりの〇〇さん（自分の名）」でやりました。

いつもは問題を読むだけでも一苦労なのですが、このときは聞かれていることの真意が伝わってくるようで、単純に〇か×かの記憶があるかではなく、何かと何かを混同していないか、何のためにそうなっているかを理解しているか、など、根本的に何を問うているのかが伝わってくるような、不思議な深い感覚がありました。それまで記憶頼みの当て物だった感じから、問題の意図が感じ取れて、びっくりしました！

▼ブラック企業の圧力にセルフ・フリークエンシーをしたレポート・・・・・・・・・・

最近仕事の過酷さが増していて、睡眠時間が毎日4時間を切るくらいしか取れず、また現場も混乱していてぐったりの毎日で「はあ〜イヤだな〜」と思う私の顔を写真に撮ってみたら、そこには、疲れ果てたおばさんが。

写真をみながらやると、「疲れ果てたおばさんみたいになったという○○さん」が不要なほど、そこにはおばさんが写っていて、その状態から高速まばたきをして六方集中したら、（自己嫌悪的なとらわれが意外にもなく）すぐにあくびが出たので、瞬目（まばたき技）をして終了。

もう一度写真をみると、同じ写真なのに顔が明るくみえました！

なんというか、顔にかかっていたモヤのようなものが薄くなった感じです！

そして、確かにひどい労働環境ですが、それに振りまわされている自分に気が付きました。元気も驚異の回復！　ありがとうございました！

追記・・・

あれから時折、写真技をしていますが、なんとシワが消えてしまいました!!　嬉!!

▼煮詰まった自分にフリークエンシー　Sさんのレポート…………

仕事で独立してはいるが、いまひとつパッとしない現状打開のため、全6回のフリークエンシー・セッションを受けてみたら、セッション直後から、もやもやはなく、驚きながら数ヶ月を過ごす。

仕事も充実、人間関係も良好！

過去へのこだわりもなくなり、未来のビジョンも描け、後はドカーンと行くだけだーと思えたものの、時が経つにつれて、不安がちらほら。

そこで、自撮り写真を撮り、それをみながらフリークエンシーをしてみると……「あれ？　今の俺って、前とぜんぜんちがうじゃん！　なんかいいじゃん！」「おい、自信がないって、どうよ？」みたいな気分に即効でなって、不安が、どこを探してもなくなってしまいました。それをどこかに隠蔽《いんぺい》するのは得意だったので、そうしてないことはわかりましたが、どうなってんだ、おれ？（笑）って感じです。セルフのフリークエンシーも、すげぇー。

なので、これを副業にすることにしました!!　俺みたいな奴、集まれー！ですね。

フリークエンシー　三つの使い方　まとめとコツ

i★フリークエンシー・オリジン…祈りとしてのフリークエンシー

・痛みや不調や問題を抱えている人や動物のそばで六方集中をする

※そのためにも標準訓練をしておきましょう。

・心臓電磁波が届く5～6メートルの範囲で行ってください

ii★フリークエンシー・セラピー…セラピーとしてのフリークエンシー

①悩みや問題にフォーカスする

②首六方

③高速まばたき、または、交互ウインク

④六方集中（外全内零）

※首六方、上下左右前後に首を限界まで曲げてから、わずかに緩める（ラウジング）。

※痛みのない人は限界まで。痛みのある人は痛むところを限界としてください。
※無意識の意図を知りたいときは、首を曲げた状態で問題にフォーカスして、六方向それぞれの思いを受け止めてください。
※高速まばたき、交互ウインクは、大きく目を見開いてからやってください。
※六方集中は上下左右前後、全方位に同時に均等に意識をむけますが、後ろが特におろそかになりやすいので、生活の中で、後ろの意識を試してみましょう。
※首六方と高速まばたき、交互ウインクはセルフケアになりますので、気がむいたらやるようにしましょう。
※まばたき技はストレスを感じたときにやると耐性がついていくので、こころがけてやってみましょう。
※ひとつの問題に対して6回やるか、別々の問題を六つ行うと、「それを問題にしている自分」にまで影響がいきますので、セラピーとしてやるときは6回を目安にやりましょう。
※記録を取っておくと上達のスピードが上がりますので記録はしておきましょう。

iii★セルフ・フリークエンシー…問題にフォーカスした後自分のフルネームを使って

①「～という○○さん」を付けて、自分の問題から離れてから

②首六方のラウジング

③高速まばたき、または交互ウインクをしてから

④六方集中にはいります

セルフでは、紙に問題を書く、または、そのときの自撮り写真を目の前において六方集中するのですが、このときに、紙や写真をひっくり返して、自分の後ろから六方集中してるつもりになると効果が高まることがあるので、おためしください。

※おともだちにフリークエンシーをお伝えして、セルフ・フリークエンシーのときに、後ろからおともだちにフリークエンシーをしてもらうのもお試しください。

外全による内零がフリークエンシーの真骨頂ですが、どんなやり方でも、内零、つまり0になることが、奇跡的なことに関しては不可欠です。

あなたが零になったとき、あなたの中の普遍性が顕現してくるのです。

アークはそれを0＝∞《むげん》と言ってきました。

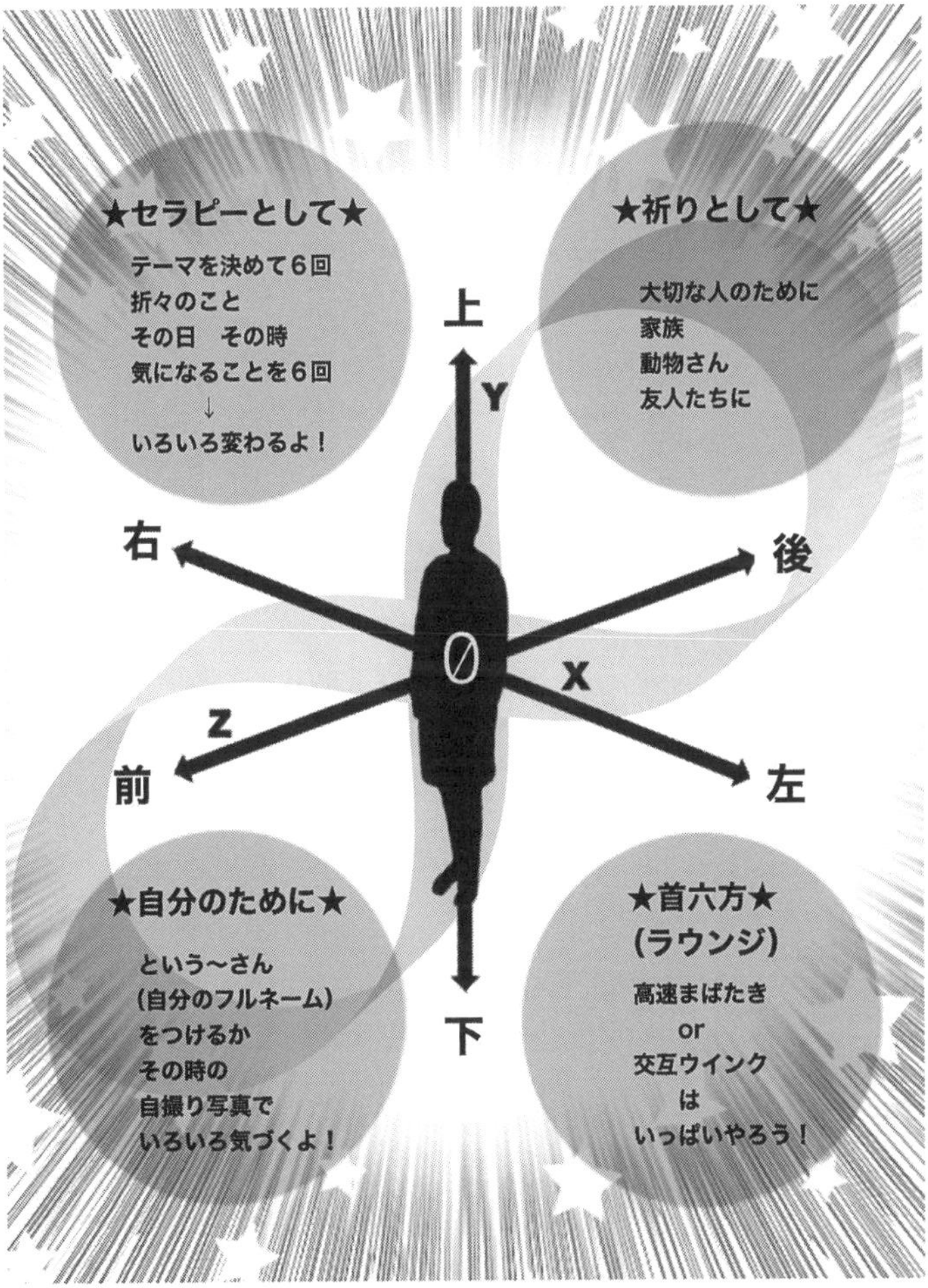
★セラピーとして★
テーマを決めて6回
折々のこと
その日　その時
気になることを6回
↓
いろいろ変わるよ！
★祈りとして★
大切な人のために
家族
動物さん
友人たちに
上
Y
右
後
0
X
Z
前
左
下
★自分のために★
という～さん
(自分のフルネーム)
をつけるか
その時の
自撮り写真で
いろいろ気づくよ！
★首六方★
(ラウンジ)
高速まばたき
or
交互ウインク
は
いっぱいやろう！

第5章　起承転結&提

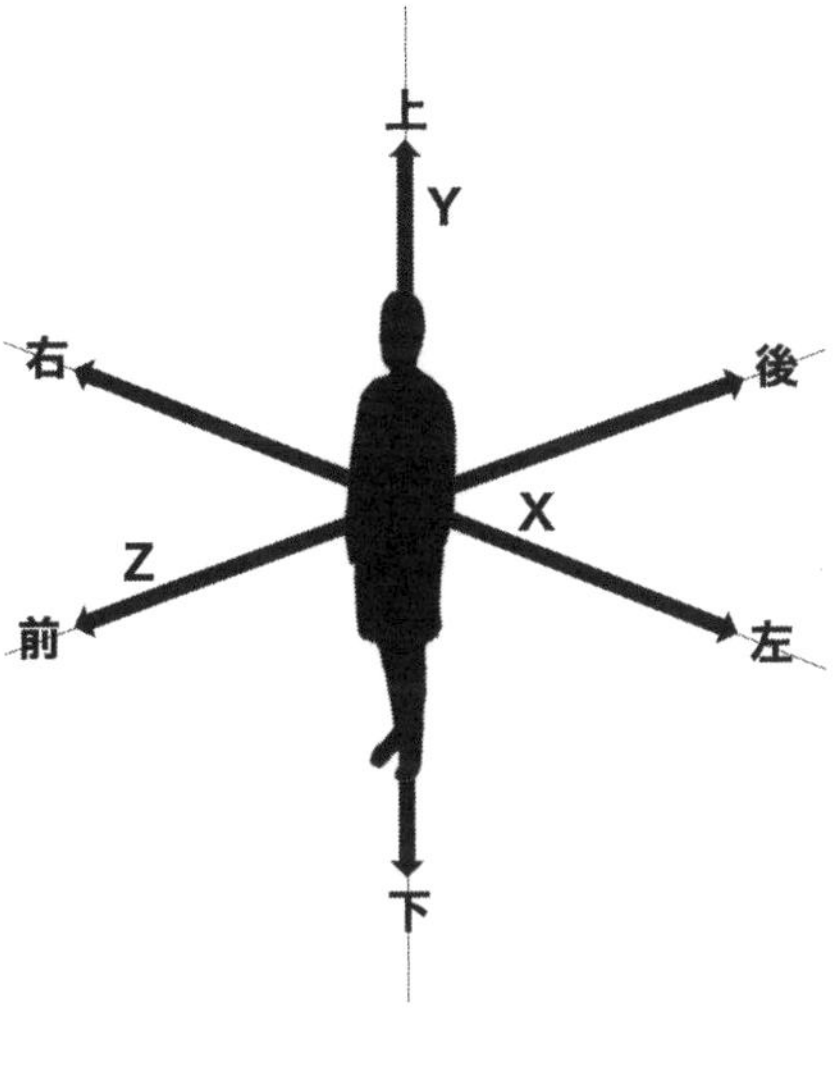

それぞれのフリークエンシー

フリークエンシーは、「外全」外側に全注意をむけることによって、「内零」内側を0《ゼロ》にする技法で、アークはずっとこの、内側を0《ゼロ》にする方法を開拓してきました。内側にある違和感を弱化、消去する、ということですね。

そうすると、現実が変わる、と言ってきました。∞《むげん》が発動するから、とも言ってきましたが、そのあたりのことがよくわかる資料がありましたので、まずはそれをご覧ください。

これは、以前、アークで学んでくださっていた二人の医師の方が、インタビュー形式で語ってくださったもので、0化・内零が現実に与える影響を読み取っていただければ幸いです。

では、インタビューの途中から。

毎日、医療に関わっていくうちにある日、患者さんの抱えている問題がその人の問題ではなく自分の問題やと気づいてん。

そこから、急にまた安田先生の本を読み返すようになってね、これや～思たわ！『認知に伴う情動を０化する』っていうその言葉がほんますごいと思った。

患者さんの問題は、実は自分のこころの状態が反映されていて、例えば患者さんと接する中で、自分の胸がざわざわしたとするやん？で、そのざわざわを認知すると、現実が変化することに気づいてんよね。

僕らって相対でしか物事をとらえていないんよね。常に。そうではなくてその間の、どちらにもぶれない中間（ゼロ）を意識する感じかな。

自分がぶれていることを意識するだけ。最近はね、それを意識している感じすらなくて。

あと、現実を変えようとは思わないんよね。

ただ、何か感じた自分を、ぶれた自分を認知するだけやね。

この間、末期がんの男性の方がおって、痛み止めが全然効かへん人でね、ものすごく痛みを訴えはるんよ。その人、息子さんとめっちゃ仲悪くてな、息子さん一回も会いに来ないいんよ。長年の経験と勘からきっとこれが痛み止めの効かない原因やなってぴんときてんけど、こっちからは、会いに来てあげてくださいとかは一切言わないわけ。それは違うのよ。

で、その人を感じた時の情動を認知するだけ。すると、不思議なことにね、ある晩息子さんが急にホスピスに訪ねて来られてその晩、なんと泊まっていったんよ。

その次の日から、あんなに痛がっていたのにぱたっと痛みが消えて、安らかな表情になって、そしてその翌日亡くなられたんよ。とても穏やかな最期やった。（中略）以前、がん患者さんがいてその人がね、僕の顔見るたび、『先生、死にたいんです。こんな辛い苦しい人生。もう早く死んであの世に行きたいんです。お願いします、どうか死なせて下さい先生！』って何度も言うんよね。

あんた、もし患者さんにいきなりそんなん言われたらなんて答える？（中略）

僕はね、間髪入れずにこう言うねん。

「わかりました！　ほな、そのようにさせて頂きますわ！』って笑顔でね（笑）。ところがね、そんなことは実際できないわけで、その人もね、『先生、そうは言うけどなかなか死なせてくれませんやん。どないなってるんですか！』って怒りにくるわけ。

そんなある日、院内のパーティがあって、そこでふるまわれたアジサイ餅をその方が食べはってんけど、それが、それまで食べたことないくらいものすごく美味しかったらしいのね。

涙流して食べはってね。そしたらね、以降、まったく痛みがなくなった。

ささいな幸せ、喜びが自分の人生をささえているんやってことを知ったんやと思うねんけど、たったそれだけで、好転したんよ。

どうでしょうか？

０化、つまり、内零すると何が起こるのか？ということをなんとなくつかめていただけたら幸いです。

このインタビューに答えてくださってる終末医療に携わる先生のような生き方をしている人はそう多くなく、その先生にインタビューしてくださった女医の先生も優れた資質をお持ちですから、誰でもが内雫のすごさ、すばらしさを経験できるわけではありません。

だからこそ、それの構造を解き明かし、誰にでもできるように工夫を重ねてきたんですね。

今の自分に何かを積み上げていく「増加の道」ではなく、今の自分が持ってるものを減らしていく「減少の道」ですから、本当は誰にでもできるはずなんですが、これがなかなか（笑）。

その工夫は、すでに書いたように、波動干渉からアルケミア、そこから0の秘術が生まれ、それでも対応しきれないクライアント様を分析していく中で、内受容感覚が正常に働いてない方がいることが証明されてしまったために、いままでの技法とは違うものを研究している中で「ひょん」なことから「外全」に思い至ってできたのがフリークエンシーなわけです。

外全という発想が、誰でもが、内零になれることを可能にし、簡単な訓練を数回するだけで、このお医者様たちのような境地に近づけるのです。

なので、みなさまには、御自身なりの使い方で使ってほしいと願っています。

現在、整体やマッサージ、リハビリなどの仕上げに使ってくださっていますが、私としては、職場や家庭で、困った時に使える一つの選択肢として広まるのが一番の願いです。

人のためにやることが、そのまま、自分の成長や進化、そして深化につながる六方集中を、生活の中に取り入れていただいたら本望です。

六方集中で、外全内零になれば、誰でもがフリークエンサー、力の使い手です!!

合言葉は「外全内零」

お一人お一人が灯となり、一つの祝福でありますように！

ご精読、ありがとうございました！

謝辞

読んでくださったみなさま、ありがとうございます。

本の出版を、即行で快諾してくださった石井健資社長、ありがとうございます。

『奇跡の技法アルケミア』に引き続き、編集を担当してくださった「アルケミアの生き証人」でもある編集者の岡部智子さん、ありがとうございます。

推薦の言葉を寄せてくださった奥山まどかさん、ありがとうございます。

フリークエンシーの開発に、一から一緒に携わってくださったフェアリー・フープの木下朋枝さん、ありがとうございます。

そして、フリークエンシーをご自身やご家族、友人知人に試して詳細なデータを提出してくださったメンバーのみなさん、ありがとうございます。

みなさまのお陰で、私たちアークが歩んできた軌跡、奮闘の結晶を「本」という形で残すことができました。

この世の中には、まだ知られていない法則があり、また、人間の持っている可能性もすべてが解明されたわけではなく、もっとすばらしく、役に立つものが、才能ある人たちの手によってまだまだ開発されていくことでしょう。

この本が、そんな流れのひとつのきっかけとなり、みなさまの幸せに少しでも貢献できたら幸いです。

お元気で!!

安田　隆

参考文献

・蔵本由紀著『非線形科学　同期する世界』集英社新書
・スティーヴン・ストロガッツ著、蔵本由紀監修、長尾力翻訳『ＳＹＮＣ：なぜ自然はシンクロしたがるのか』ハヤカワ文庫
・森田善久著、郡宏著『生物リズムと力学系』共立出版
・蔵本由紀著、河村洋史著『同期現象の科学　位相記述によるアプローチ』京都大学学術出版会
・ジェルジ・ブザーキ著、渡部喬光監訳、谷垣暁美翻訳『脳のリズム』みすず書房
・Physiological synchrony is associated with attraction in a blind date setting－Nature
https://www.nature.com/articles/s41562-021-01197-3
・「魅力と生理的同調性について」CELL REPORTS
https://www.cell.com/cell-reports/fulltext/S2211-1247 (21) 01139-6
・「物語の刺激は個体間の心拍数を同期させる」TSUKUBA JOURNAL

https://www.tsukuba.ac.jp/journal/

・「睡眠中にＰＴＳＤケア――トラウマ記憶を音で消す」Nature
https://www.nature.com/articles/d41586-018-02391-6

・「脳波を操作して病を治療する」INSTITUTE OF HEARTMATH Connecting Hearts and Mindse－https://www.heartmath.org/assets/uploads/2015/02/the-energetic-heart-gci-edition.pdf

・「Energetic Heart　心臓の電磁場」Cerebral Cortex Global and parallel cortical processing based on auditory gamma oscillatory responses in humans

・「脳全体に広がる聴覚応答の新たなネットワークを発見」東京大学国際高等研究所
ニューロインテリジェンス国際研究機構、日本医療研究開発機構

・Journal of Personalized Medicine

・「ガンマ周波数帯のバイオレット光視覚刺激で認知機能に関わるヒト脳波を特異的に変化させることに世界で初めて成功―浴びる機会が減ったバイオレット光の効用―」
慶應義塾大学医学部プレスリリース

・「瞑想中の脳の同時活性化：礼拝や臨床場面への示唆」Matiz, A., Crescentini, C., Bergamasco, M., Budai, R., & Fabbro, F. (2021). Inter-brain co-activations during mindfulness meditation. Implications for devotional and clinical settings. Consciousness and cognition, 95, 103210.
・Steven H. Strogatz 著、田中久陽翻訳、中尾裕也翻訳『ストロガッツ　非線形ダイナミクスとカオス』丸善出版

安田 隆　やすだ たかし

1957年、兵庫県生まれ。ミュージシャン（ドラマー）として活躍するかたわら、東洋の医術や武術、瞑想法などを習得。1990年、横浜市に「気の整体術研究会」を設立。その後、マインド・テクノロジー（NLP）、プロセス指向心理学（P.O.P.）、現代催眠など、西洋の様々な療法を研究し、東洋と西洋の叡智に共通する原理を発見する。これにより体・心の悩み、運命のトラブル等を同じように扱える数々の技法を編み出す。95年、気の整体術研究会を包括する組織「THE ARK COMPANY ジ・アーク・カンパニー」を設立。現在にいたるまで心・身・神を統合した独自の研究をすすめながら、世界中から相談に訪れる人々に「現代のシャーマン」として指導にあたっている。

著書に『奇跡の技法アルケミア』（ヒカルランド）、『波動干渉と波動共鳴』（たま出版）、『誰にでもできる「気」のコツのコツ』（講談社＋α文庫）など、多数。

■連絡先

THE ARK COMPANY　ジ・アーク・カンパニー

代表　安田 隆

〒223-0061

神奈川県横浜市港北区日吉２－３－８　柏屋ビル３F

TEL：045-564-9241

http://the-ark-company.com

Mail : ark.tutaeru@gmail.com

セラピールーム　フェアリー・フープ

代表　木下朋枝

http://fairy-hoop.com

Mail : fairy.hoop@gmail.com

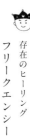

存在のヒーリング
フリークエンシー
黙って座れば必ず変わる

第一刷　2023年2月22日

著者　安田　隆

発行人　石井健資
発行所　株式会社ヒカルランド
〒162-0821　東京都新宿区津久戸町3-11　TH1ビル6F
電話　03-6265-0852　ファックス　03-6265-0853
http://www.hikaruland.co.jp　info@hikaruland.co.jp
振替　00180-8-496587

本文・カバー・製本　中央精版印刷株式会社
DTP　株式会社キャップス
編集担当　岡部智子

ISBN978-4-86742-222-9

2023年1月11日

イッテル本屋
新装プレオープン！

みらくる出帆社
ヒカルランドの

ITTERU BOOKS
イッテル本屋

イッテル本屋がヒカルランドパークにお引越し！

神楽坂ヒカルランドみらくる3Fにて

皆さまにご愛顧いただいておりました「イッテル本屋」。

2023年1月11日より

ヒカルランドパーク7Fにてリニューアルプレオープン！

さらなる充実したラインナップにて

皆さまのお越しをお待ちしています！

詳細は、ヒカルランドパークホームページ、

または神楽坂ヒカルランドみらくるホームページにて随時お知らせします。

ヒカルランド　好評既刊!

地上の星☆ヒカルランド　銀河より届く愛と叡智の宅配便

奇跡の技法アルケミア
著者：安田隆&THE ARK COMPANY研究生
四六ソフト　本体 1,815円+税

膨大な技法を21年かけて「たった1つ」に統合した奇跡の技、
ここに完成。想定外の方法で、問題が消えていきます。